I SACRI MONTI

UN PATRIMONIO UNESCO
TRA PIEMONTE E LOMBARDIA

UNESCO WORLD HERITAGE SITES
IN PIEDMONT AND LOMBARDY

fotografie di / photos by
Marco Beck Peccoz

testi di / texts by
Elena De Filippis

con un'introduzione di / with an introduction by
Antonio Paolucci

SilvanaEditoriale

in copertina / cover
Sacro Monte di Domodossola, veduta delle cappelle
di *Cristo cade la terza volta* (n. 9) e di *Cristo è crocifisso* (n. 11)
Sacro Monte of Domodossola, view of the Chapel of *Christ falls for the third time* (no. 9) and the Chapel of *Christ is crucified* (no. 11).

p. 2
Sacro Monte di Ghiffa, loggiato della cappella dell'*Incoronata* (n. 1)
e santuario della Santissima Trinità
Sacro Monte of Ghiffa, portico of the chapel of *The Coronation of the Virgin* (no. 1) and the Sanctuary of the Santissima Trinità

p. 6
Sacro Monte di Varallo, cappella della *Condanna a morte* (n. 35)
Sacro Monte of Varallo, Chapel of *The Sentencing of Christ* (no. 35)

p. 8
Sacro Monte di Varese, cappella della *Flagellazione* (n. 7)
Sacro Monte of Varese, Chapel of *The Flagellation of Christ* (no. 7)

p. 10
Santuario di Oropa, veduta
Sanctuary of Oropa, view

p. 12
Sacro Monte di Orta, cappella Nuova, particolare
Sacro Monte of Orta, the New Chapel, detail

Riprese drone / Drone aerial views
Giøna Casiraghi

Redazione mappe / Map editing
Marco Cigliola e Giorgio Bergamo

Traduzioni in inglese / English translation
Marissa Frost

Ringraziamenti / Acknowledgements
Stefano Aietti
Marco Leone
Laura Severgnini

La fotografia, spesso, sa essere più esauriente della parola, grazie alla sua capacità di restituire, insieme all'immagine, anche il suo contesto, e di mettere in dialogo luoghi, paesaggi e persone, svelando così l'intima connessione che lega tutti questi elementi. Per questo, e per la grande qualità degli scatti che lo compongono, il volume fotografico I Sacri Monti. Un patrimonio UNESCO tra Piemonte e Lombardia è senza dubbio una pubblicazione di grande interesse e tanto più significativa per noi perché rispecchia il grande impegno che, da tempo, abbiamo voluto mettere nella valorizzazione di questi importanti beni UNESCO, anche attraverso la costituzione dell'Ente di Gestione dei Sacri Monti. Come Regione Piemonte abbiamo infatti fortemente voluto dare unitarietà a questo importante patrimonio, perché crediamo che questi beni costituiscano, pur con le dovute differenze, un insieme coeso e unico, per poter agire con azioni congiunte e dare maggiore forza al nostro operato. Un approccio che ha già prodotto importanti risultati: abbiamo infatti potuto contare, in questi anni, sull'appoggio di un numero significativo di realtà pubbliche, bancarie, di fondazioni, ma anche di privati e singoli cittadini che si sono fatti carico spesso anche di restauri importanti. Segnali positivi che ci incoraggiano e ci spingono, come ente regionale, a considerare sempre più i Sacri Monti come un elemento strategico del nostro patrimonio artistico, ma anche turistico, in stretta sinergia con i Sacri Monti lombardi. Una collaborazione in cui crediamo fortemente e che siamo impegnati a rendere fattiva anche attraverso numerose iniziative.

Photography can often be more effective than words thanks to its ability to convey, together with the images, their contexts as well as create a dialog between the locations, people and environments in a way that reveals the intimate connection between them. This is why, and for the great quality of images included, this volume of photographs is without doubt a particularly interesting work. All the more significant for us, it reflects the great commitment that, for some time now, we have devoted to the valorization of these important UNESCO World Heritage Sites, which also includes the founding of the Ente di Gestione dei Sacri Monti. Here at the Piedmont Region, we have in actual fact been determined to unify these important patrimonies as we believe them to be, with all due differences, a cohesive and unique whole. By doing so, we can work together and bring greater impact to our work. This method has already generated important results; in recent years, we have received the support of a significant number of public organizations, banks and foundations, as well as single individuals and groups who have also often undertaken significant projects of restoration. Positive signs which have encouraged and pushed us, as a regional authority, to increasingly consider the Sacri Monti as a strategic, as well as touristic, element for our artistic patrimony, in close synergy with the Sacri Monti of Lombardy; a partnership we strongly believe in and in which we are committed in making effective also through numerous initiatives.

Alberto Cirio
Presidente Regione Piemonte / President, Piedmont Region

Ci sono luoghi speciali in Lombardia. Luoghi ricchi di tradizioni, che raccontano di un passato lontano, di pellegrinaggi e preghiere. Luoghi che racchiudono la storia e, simbolicamente, la geografia della cristianità lombarda. Questi luoghi sono i Sacri Monti di Ossuccio (Como) e Varese, dichiarati Patrimonio dell'Umanità UNESCO nel 2003, insieme ai sette Sacri Monti piemontesi.
Sedici anni dopo il prestigioso riconoscimento internazionale, i Sacri Monti rimangono una delle attrazioni più suggestive della Lombardia e tra i più apprezzati itinerari religiosi. Accedere ai Sacri Monti è un'esperienza unica, che arricchisce il corpo e l'anima: un cammino di preghiera in sintonia tra natura e spirito.
Regione Lombardia, insieme a Regione Piemonte, ha sostenuto numerosi progetti per la valorizzazione dei Sacri Monti, sottoscrivendo nel 2014 un Protocollo con il MIBACT e un'Intesa tecnica per la gestione del sito nel 2018.
Nel 2017 le due Regioni hanno sostenuto la realizzazione di un'importante e apprezzata mostra fotografica itinerante sui Sacri Monti, ospitata, tra l'altro, a Palazzo Lombardia. Tra il 2013 e il 2018 la sola Regione Lombardia ha finanziato complessivamente 9 progetti promossi da Comuni e associazioni del territorio.
Varese è la terra in cui sono nato e cresciuto e il Sacro Monte, per me, ha un valore affettivo particolare. Anche per questo motivo, continuerò a sostenere iniziative per la conservazione dei Sacri Monti e la loro promozione culturale e turistica.

There are special areas in the Lombardy region. Places rich in traditions, which tell of a distant past, of pilgrimages and prayers. Places where the history and, symbolically, the geography of Lombard Christianity are contained. These sites are the Sacri Monti of Ossuccio (Como) and Varese, declared UNESCO World Heritage Sites in 2003, along with the seven Sacri Monti in Piedmont.
Sixteen years after this prestigious international acknowledgement, the Sacri Monti have remained one of the most evocative sights in Lombardy and are among the most beloved of religious destinations. Visiting the Sacri Monti is a unique experience, which will nourish your body and soul; a journey of prayer in harmony with nature and the Spirit.
The Lombardy Region, together with the Piedmont Region, have sponsored numerous projects for the promotion of these sites; in 2014, the Region endorsed an agreement with the MIBACT and a technical agreement for the management of the site in 2018.
In 2017, the two Regions organized an ambitious and successful touring photo gallery devoted to the Sacri Monti, which was held in the Palazzo Lombardia. Between 2013 and 2018, the Lombardy Region alone financed a total of nine projects initiated by towns and associations in the territory.
Varese is the place where I was born and raised. Its Sacro Monte has a particular sentimental importance for me and this is also the reason why I will continue to sustain initiatives for the safeguarding of the Sacri Monti as well as for promoting their cultural and touristic value.

Attilio Fontana
Presidente di Regione Lombardia / President, Lombardy Region

All'Ente di Gestione dei Sacri Monti una legge della Regione Piemonte attribuisce il compito di conservare, gestire e valorizzare un patrimonio di grandissimo valore, costituito da componenti storiche, artistiche, architettoniche e naturalistiche diversamente caratterizzanti i luoghi. Anche la tutela e la valorizzazione degli aspetti culturali, tradizionali, devozionali e di culto, e la promozione della conoscenza e le attività di ricerca e di documentazione, sono fra le competenze dell'Ente, che lavora per mantenere le caratteristiche specifiche di eccezionale valore universale riconosciute dall'UNESCO nel 2003 con l'iscrizione del sito "Paesaggio culturale dei Sacri Monti del Piemonte e della Lombardia" nella lista del Patrimonio Mondiale.

Il Consiglio dell'Ente ha considerato la realizzazione di questo libro, pubblicato grazie al sostegno del Presidente Sergio Chiamparino e dell'Assessore alla Cultura Antonella Parigi, un efficace mezzo per promuovere la conoscenza del patrimonio affidatogli e per sollecitare l'apprezzamento diretto di questo imponente paesaggio sacralizzato. Dando la precedenza al linguaggio delle immagini, ha voluto suscitare il desiderio di vederli, o rivederli, nella dimensione della loro straordinaria attualità, con una visita che rinnovi l'antico stupore per la teatralità delle scene sacre rappresentate nelle cappelle e il godimento della bellezza dei diversi paesaggi dai quali esse sono circondate.

Come tutti i luoghi del sacro, anche i Sacri Monti sono luoghi di comunicazione in stretta relazione fra loro e con il paesaggio circostante: la scena sacra *sulla cima delle montagne* si contrappone sempre alla scena profana *che può essere la città, il lago, i campi coltivati, i boschi, i vigneti e altre montagne*, ovvero i paesaggi più belli del Piemonte e della Lombardia. Per la ricchezza del linguaggio, per la possibilità di sperimentare – oggi come al tempo della loro costruzione – la dimensione comunicativa delle scene e per l'incanto dei paesaggi in cui armoniosamente si inseriscono, i Sacri Monti sono contemporaneamente luoghi di spiritualità e di bellezza.

Gli aspetti culturali, materiali e immateriali, che nei secoli hanno generato il sistema urbanistico dei Sacri Monti possono essere apprezzati anche accettando un ulteriore invito, quello della loro conoscenza mediante un approccio lento e rispettoso dei luoghi percorrendo il *Devoto Cammino dei Sacri Monti di recente costituzione* che, unendo un luogo all'altro, riprende nel territorio dei Sacri Monti molti tratti della fitta rete di cammini percorsi da secoli di devozione itinerante.

L'Ente di Gestione dei Sacri Monti, consapevole che la conoscenza di un bene culturale è presupposto indispensabile per la sua conservazione e valorizzazione, affida anche a questo libro il compito di suscitare e mantenere l'interesse per un patrimonio storico che appartiene a tutti e che con l'apporto di tutti può essere conservato per tramandarlo alle generazioni future.

Renata Lodari
Presidente Ente di Gestione dei Sacri Monti

In accordance with a law enacted by the Piedmont Region, the Ente di Gestione dei Sacri Monti *has the task of conserving, managing and promoting a patrimony of enormous value, including historic, artistic, architectural and naturalistic elements which characterize different territories. The safeguarding and promotion of the cultural, traditional, devotional and religious aspects, in addition to educating others about this valuable heritage and of the research and documentation projects are also among the competences of the organization which works to maintain the specific characteristics of outstanding universal value recognized by UNESCO in 2003 and inscribed by the same as* Paesaggio culturale dei Sacri Monti del Piemonte e della Lombardia *or "Sacri Monti of Piedmont and Lombardy" in the World Heritage List.*

The Board of the Organization believed the publication of this book, supported by the President Sergio Chiamparino and the councilor for culture Antonella Parigi, to be an effective way of allowing people an opportunity of learning more about their entrusted cultural patrimony as well as a way for others to directly appreciate this magnificent sacred heritage. Giving priority to the language of images, the aim is to evoke the hope of seeing these sites for the first time, or perhaps even again, in the magnitude of their powerful presence. A visit would make it possible to revive the ancient wonder of the theatrical nature of the sacred scenes depicted in the chapels and to enjoy the breathtaking beauty of the diverse settings surrounding them.

As with all places of worship, the Sacri Monti *are also centers of communication in close relationship with each other and with the surrounding territory; the sacred setting at the top of the mountains always contrasts with that which is secular, like a city, a lake, cultivated fields, woodlands, vineyards and other mountains, or so to say, the most beautiful landscapes of Piedmont and Lombardy. Due to the richness of the language of these places, and the possibility of experimenting with the communicative dimension of the scenes, the sheer beauty of their settings, today as when they were built, the* Sacri Monti *are of great relevance. At the same time, they are places of a spiritual and aesthetic nature,*

The cultural, material and immaterial aspects, which over the centuries have generated the urban structure of the Sacri Monti, *may also be appreciated by accepting an additional invitation. With a slow and respectful approach to places along the recently constructed* Devoto Cammino dei Sacri Monti, *which connecting the sites, many portions of the complex network of paths followed by centuries of traveling pilgrimages have been rediscovered in the territories of the Sacri Monti.*

The Ente di Gestione dei Sacri Monti, *aware that sharing information about a cultural patrimony is an essential prerequisite for the preservation and valorization of the same, also wants this book to arouse and nourish interest in a historical treasure which belongs to all and with the contribution of all may be safeguarded and passed on to future generations.*

Renata Lodari
President, Ente di Gestione dei Sacri Monti

Per una geografia dei pellegrinaggi e per l'arte dei Sacri Monti

Nei secoli dell'Europa cristiana due erano i viaggi che ogni credente desiderava compiere nella vita prima di lasciare questo mondo: uno era il viaggio a Roma, *ad limina Petri*, per pregare sulla tomba del Principe degli Apostoli, l'altro era il *pasagium ultramarinum*, il viaggio a Gerusalemme per venerare i Luoghi Santi, dove si conserva memoria della Vita, Passione e Morte di Nostro Signore. C'era un'altra direttrice di viaggio a completare la geografia dei pellegrinaggi medievali. Era il percorso per Santiago de Compostela, là dove riposano le spoglie mortali del proto-apostolo e proto-martire Giacomo di Zebedeo che si nomina Jacopo in Italia e Jago in Spagna.
Si partiva da Pistoia, dove si conserva, nel duomo, la reliquia di un frammento della testa del santo, e da lì, *a capite Apostoli*, procedendo in direzione nord-ovest, attraversando l'Europa continentale nel senso dei paralleli, dopo aver varcato i Pirenei al passo di Roncisvalle e percorso le alte terre di Spagna si arrivava in Galizia e alla basilica santuario di Compostela; Compostela che è l'ultimo lembo occidentale d'Europa ed è *campus stellarum*, campo delle stelle, perché lì, nell'immenso Oceano Atlantico che si infrange contro gli scogli della Galizia, si inabissa la Via Lattea con la sua miriade di stelle. Se noi tracciamo sulla carta d'Europa le linee dei grandi pellegrinaggi continentali ne viene il disegno di una croce. Sul tracciato di questa croce hanno camminato per secoli la fede e la speranza dei cristiani d'Europa.
A me però interessa evocare il più arduo, il più azzardato fra i pellegrinaggi: il *pasagium ultramarinum*, il viaggio per la Terra Santa. Se sul percorso per Roma, come pure in quello per Compostela, procedendo da Nord a Sud lungo la strada o, per meglio dire, lungo il fascio di strade noto come Via Francigena, si attraversavano paesi cristiani forniti di ospizi, di ospedali, di centri di accoglienza, il *pasagium ultramarinum* era estremamente più difficile e pericoloso.
Spesso il viaggio per la Terra Santa incominciava là dove finiva il pellegrinaggio per Roma. Il punto di incontro e di raccordo per chi veniva dalla Città Eterna era Capua, perché da lì ci si avviava per l'Appia Traiana, la strada che attraversa l'Italia da Est a Ovest fino a Brindisi. Da Capua, nel cuore delle terre dominate dal potente abate di Montecassino, la grande strada imperiale portava a Benevento, ed è facile immaginare lo stupore dei pellegrini di fronte all'arco di Traiano, un'opera che riproduceva nel cuore montagnoso d'Italia i monumenti trionfali già visti fra le rovine di Roma. Dopo Benevento la strada si divideva a ovest in tre direzioni. Sono le cosiddette "Vie dell'Angelo", i percorsi che, attraverso i valichi dell'Appennino, conducono al santuario di San Michele sul Gargano. I pellegrini che si accingevano al grande

A Geography of the Pilgrimages and the Art of the Sacri Monti

Over the centuries of Christian Europe, all believers wanted to undertake two journeys in life before leaving this world: one was the journey to Rome, *ad limina Petri*, to pray at the tomb of the Prince of the Apostles, and the other was the *pasagium ultramarinum* or the journey to Jerusalem to worship in the Holy Land, where the memory of the Life, Passion and Death of Our Lord has been kept. There was another journey completing the geography of the Medieval pilgrimages; it was the pilgrimage to Santiago de Compostela where lie the mortal remains of the Proto-Martyr of the Apostles, St. James the Greater, son of Zebedee, known as Jacopo in Italy and Jago in Spain.

Departing from Pistoia, where in the Cathedral is kept a relic of a fragment of the Saint's skull and from which, *a capite Apostoli*, the route proceeded in a north-westerly direction, crossing continental Europe in the sense of the parallels. After crossing the Pyrenees at the Roncesvalles Pass and through the high lands of Spain, the route led to Galicia and the Sanctuary of Compostela; Compostela is the last western strip of Europe and the *campus stellarum* or field of stars, since it is there, in the immense Atlantic Ocean that breaks against the rocks of Galicia, where the Milky Way with its myriad of stars sink. If we draw the lines of the great continental pilgrimages on a map of Europe, a cross is formed. For centuries, the faith and hope of European Christians have walked along the course of this cross.

However, I am interested in remembering the most arduous, the most daring of the pilgrimages: the *pasagium ultramarinum* or the journey to the Holy Land. The route to Rome, as well as that to Compostela, which ran from north to south along the road or, rather, along the network of roads known as the Via Francigena, crossed Christian settlements offering hospices, hospitals and shelters. But the *pasagium ultramarinum* was much more difficult and dangerous.

Often the journey to the Holy Land began where the pilgrimage to Rome ended. The meeting-point and connection for those coming from the Eternal City was Capua, because from there it was possible to go towards the Appia Traiana, the road which crosses Italy from East to West until Brindisi. From Capua, in the heart of the area dominated by the powerful Abbot of Montecassino, the great Imperial road led to Benevento, and it is easy to imagine the amazement of the pilgrims in front of the Arch of Trajan, a masterpiece which portrayed in the mountainous heart of Italy the triumphal monuments already seen among the ruins of Rome.

After Benevento, the road split in three directions towards the West. These are the so-called *Vie dell'Angelo* or "Angel's Routes"; routes passing through the Apennine

viaggio penitenziale, tutti si fermavano in preghiera nella grotta di San Michele. Fin quassù salivano, prima di partire per la guerra, i duchi longobardi, gli strateghi bizantini, i conti franchi, i baroni tedeschi. Tutta la cristianità sapeva che al termine d'Italia, in cima a una montagna alta sul mare come la prua di una nave gigantesca, c'era il tempio dell'angelo guerriero. I cristiani, arrivati fin lassù da ogni parte d'Europa, avevano la sensazione che questo fosse veramente il *finis terrae*. A est, oltre l'Adriatico schiumante contro le rocce del Gargano, c'era il mondo infido dei Greci. A sud, dove li avrebbero condotti le navi ferme agli approdi di Manfredonia, di Brindisi, di Bari, c'erano gli infedeli, usurpatori dei Luoghi Santi. D'ora in poi solo l'angelo guerriero che aveva sconfitto Satana e che protegge i credenti dal male sempre incombente sarebbe stato scudo e guida nel viaggio.

Ho cercato di ricostruire il *pasagium ultramarinum* nella sua tratta italiana, quando il viaggio ai Luoghi Santi, ancorché pericoloso e pieno di insidie, era ancora possibile. Le cose cambiarono a far data dalla fine del XV secolo.

La caduta di Costantinopoli nelle mani dei Turchi (1453) e l'espansionismo sempre più aggressivo degli Ottomani nel Mediterraneo resero difficile e molte volte impossibile il pellegrinaggio in Terra Santa.

Nacquero così i Sacri Monti, allestimenti insieme monumentali e urbanistici che intendevano offrire alla devozione dei credenti la geografia sacra di Gerusalemme con la riproduzione dei luoghi che avevano visto la vita e soprattutto la Passione di Gesù: l'edificio dell'Ultima cena, il Pretorio di Pilato, il Calvario, il Sepolcro. Sono sette i Sacri Monti del Piemonte, due quelli di Lombardia. Nel 2003 l'UNESCO li ha dichiarati patrimonio dell'umanità. Li tutelano leggi nazionali e regionali e provvidenze internazionali quali il progetto Atlante del 1995 che ha per oggetto la catalogazione, lo studio, la valorizzazione degli antichi complessi devozionali distribuiti nell'Europa cattolica, dall'Ungheria all'Austria, dalla Slovenia alla Spagna.

Occorre ricordare tuttavia che i Sacri Monti italiani, quelli di cui parla il libro che le mie righe introducono, hanno un carattere speciale. Intanto perché è italiana l'invenzione del genere. Fu infatti il francescano Bernardino Caimi, che era stato guardiano del Santo Sepolcro a Gerusalemme, a volere (nel 1486 secondo la tradizione comunemente accettata) la nascita di un luogo di devozione che riproduceva i percorsi e le stazioni della Passione e Morte di Gesù. Il luogo scelto fu Varallo e da Varallo, "nuova Gerusalemme", occorre partire quando si parla di Sacri Monti.

Tra Cinquecento e Seicento, lungo la linea delle Alpi Occidentali, sul versante italiano, a Crea, a Oropa, a Ossuccio, a Varese, si moltiplicano i teatri sotto il cielo che evocano il sacrificio di Cristo e guidano la devozione dei credenti ai riti memoriali che la Chiesa incoraggia e promuove.

È importante la collocazione geografica. Sull'altro versante delle montagne ci sono i luterani, i calvinisti, gli eretici. I Sacri Monti nascono anche come antemurali dell'ortodossia, come baluardi della fede romano-cattolica sulla linea di confine dell'Europa riformata. Non è inutile ricordare infatti che la loro nascita e massima fortuna si collocano fra XVI e XVII secolo, negli anni della Controriforma e delle guerre di religione.

C'è una cosa che rende davvero speciali e degni della tutela dell'UNESCO i Sacri

which led to the Sanctuary of San Michele sul Gargano. The pilgrims preparing for the great penitential journey, all stopped in prayer in the *Grotta di San Michele* (the Cave). The Longobard dukes, Byzantine strategoi, Frankish counts and German barons used to climb up here before leaving for war. All Christianity knew that at the end of Italy, on top of a mountain as high above the sea as the bow of a giant ship, stood the temple of the Warrior Angel. Christians, who climbed up there from all over Europe, had the feeling that this was really the *finis terrae* or the end of the Earth. To the east, beyond the Adriatic foaming against the rocks of the Gargano, was the treacherous world of the Greeks. To the south, where the ships docked at Manfredonia, Brindisi and Bari would have led them, were the infidels and/or the usurpers of the Holy Land. Only the Warrior Angel, who had defeated Satan and who would protect the believers from the always looming Evil, would now be their shield and guide along their journey.

I have tried to trace the *pasagium ultramarinum* along its Italian leg, when the journey to the Holy Land, while dangerous and full of pitfalls, was still possible. Things changed by the end of the 15th century.

The fall of Constantinople into Turkish hands (1453) and the increasingly aggressive expansionism of the Ottomans in the Mediterranean made it difficult and often impossible for pilgrims to venture to the Holy Land.

This is how the *Sacri Monti* were conceived, monumental and urban settings aimed at offering believers the sacred geography of Jerusalem with the reconstruction of the sites which had seen the Life and above all the Passion of Jesus Christ; the building of the Last Supper, the Praetorian of Pilate, Calvary and the Sepulcher. There are seven *Sacri Monti* in Piedmont and two in Lombardy. In 2003, UNESCO declared them World Heritage Sites. They are safeguarded by national and regional laws and international initiatives such as the Atlas project (Atlas of the European Sacred Mounts, Calvaries and Devotional Complexes), in 1995, which aims at the indexing, research and promotion of the ancient devotional complexes distributed in Catholic Europe, from Hungary to Austria, and from Slovenia to Spain.

However, it is important to remember that the Italian *Sacri Monti*, the ones mentioned in the book introduced by my words, have a distinctive characteristic. Firstly, the invention of such genre is entirely Italian. In fact, it was the Franciscan Bernardino Caimi, who had been the guardian of the Holy Sepulcher in Jerusalem, who wanted (in 1486 according to commonly accepted tradition) to create a devotional site which would reproduce the courses and stations of the Passion and Death of Christ. The chosen location was Varallo and it is from here, from the "new Jerusalem," where we must begin our journey regarding the *Sacri Monti*.

Between the 16th and 17th centuries, along the Western Alps on the Italian side, in Crea, Oropa, Ossuccio and Varese, the number of "theaters under the sky" were multiplied, which reminded the faithful of the sacrifice of Christ and guided their devotion through the memorial rites the Church encouraged and favored.

The geographical position is important. On the other side of the mountains were the Lutherans, Calvinists and Heretics. The *Sacri Monti* were also built as antemurals of orthodoxy, as strongholds of the Roman-Catholic faith on the borders of

Monti italiani. Mi riferisco al fatto che essi sono stati concepiti e realizzati nella stagione apicale della nostra storia artistica. Negli anni dei Sacri Monti l'Italia è maestra in Europa nelle arti figurative come in quelle letterarie e teatrali, nella musica come nell'architettura, come nelle tecniche della persuasione e della seduzione. Non si può essere più bravi degli italiani – così si pensava da Parigi a Vienna, da Praga a Madrid – quando c'è da mettere in programma e da allestire un evento straordinario, si tratti del corteo dell'imperatore, della incoronazione del papa o della Via Dolorosa di Nostro Signore. In questo senso i Sacri Monti sono capolavori di arte totale e i loro artefici (architetti, scultori, pittori) sono protagonisti di primo rango del loro tempo.

A Varallo troviamo all'opera Gaudenzio Ferrari, "il grande, paterno, dolcissimo Gaudenzio" (Testori), ma anche il Morazzone e Tanzio, punta di lancia, quest'ultimo, del naturalismo caravaggesco.

C'è un luogo comune che occorre subito sfatare quando si parla dei Sacri Monti. È facile di fronte all'illusionismo scenico, alla brutalità materica, all'iperrealismo conclamato, alle iperboli patetiche delle scene sacre, parlare di "arte popolare". Attenzione però a non confondere l'obiettivo con gli strumenti della sua attuazione. Quella che incontriamo a Varallo (come a Crea, a Orta, a Ossuccio, a Varese) è arte "popolare" perché è rivolta al popolo cristiano tutto intero, ai suoi sentimenti, alle sue emozioni primarie. Ma coltissimi, esperti di ogni stile e di ogni tecnica, perfettamente aggiornati sui registri della cultura figurativa contemporanea sono gli artisti (architetti, plasticatori, pittori) che operano nei Sacri Monti.

A Varallo Gaudenzio non esitò a costruire assemblaggi polimaterici con effetti che sembrano anticipare il Novecento della Pop Art. Architettura, pittura e scultura giocano insieme, incrociando e moltiplicando i contrastanti reciproci effetti. Il paesaggio – il percorso accidentato della Via Dolorosa che si snoda fra rocce, boschi, avvallamenti – è abilmente sfruttato come quinta teatrale, come moltiplicatore di stupore e di emozione. A ben guardare i primi esempi di Land Art d'Europa ce li danno i Sacri Monti italiani.

Attraversate le 45 cappelle del Sacro Monte di Varallo, sostate di fronte ai gruppi plastici e pittorici che via via vi fanno entrare in quella sceneggiatura straordinaria che è il racconto della Passione, Morte e Resurrezione di Gesù, capirete che l'unico confronto utile per capire i Sacri Monti è quello con il cinema, un'arte che è insieme supremamente colta e totalmente popolare.

Antonio Paolucci

Reformed Europe. It is not without reason to remember that their origin and supreme popularity lie between the 16th and 17th centuries, during the period of the Counter-Reformation and the religious wars.

There is one thing that makes Italian *Sacri Monti* truly spectacular and worthy of the UNESCO World Heritage safeguard. I am referring to the fact that they were conceived and built at the height of our artistic narrative. During the heyday of the *Sacri Monti*, Italy held a leading position in Europe in figurative as well as literary and theatrical arts, including music and architecture, along with techniques of persuasion and seduction. No one could do better than the Italians – as was thought from Paris to Vienna, and from Prague to Madrid – when there was an extraordinary event to be organized and staged, be it the procession of an Emperor, the coronation of a Pope or the *Via Dolorosa* of Our Lord. In this sense, the *Sacri Monti* are masterpieces of absolute art and their creators (architects, sculptors, painters) are the stars of their time.

In Varallo, we can admire the works of Gaudenzio Ferrari, "the great, paternal, extremely gentle Gaudenzio" as described by Giovanni Testori. Works by the celebrated Morazzone (Pier Francesco Mazzucchelli) and Tanzio (Antonio d'Enrico) can also be enjoyed, the latter being at the forefront of Caravaggio's naturalism.

A cliché exists that needs to be dismissed immediately when talking about the *Sacri Monti*. It is easy to talk about "popular art" in the face of staged illusions, brutal Art Informel, proclaimed hyperrealism, and the pathetic hyperboles of sacred images. However, care must be taken not to confuse the objective with the means of its implementation. What we encounter in Varallo (as in Crea, Orta, Ossuccio, Varese) is "popular" art because it is intended for the Christian people as a whole, for their feelings and primary emotions. But the artists (architects, sculptors, painters) who worked on the *Sacri Monti* were extremely well-educated and experts in every discipline and technique; they were perfectly aware of the latest trends in contemporary figurative culture.

In Varallo, Gaudenzio did not hesitate to create pieces with mixed materials. The results seem to anticipate 20th century "pop-art." Architecture, painting and sculpture play together, overlapping and multiplying the reciprocal contrasting effects. The setting – the rugged *Via Dolorosa* as it winds its way through rocks, woods and valleys – is skillfully used as a theatrical backdrop, a generator of wonder and excitement. If we look closely at the first examples of Land Art in Europe, Italy's *Sacri Monti* are shown as examples of such art.

Once you have gone through the 45 chapels inside Varallo's *Sacro Monte*, stop in front of the sculptures and paintings which gradually lead towards the extraordinary setting of the Passion, Death and Resurrection of Christ. You'll discover that the only useful comparison to understand the *Sacri Monti* is that of films, an art which is both superbly cultured and utterly universal.

Antonio Paolucci

Sommario
Contents

22 **Sacro Monte o "Nuova Gerusalemme"**
di Varallo

42 **Sacro Monte di San Francesco**
di Orta

58 **Sacro Monte di Santa Maria Assunta**
di Crea

76 **Sacro Monte del Rosario**
di Varese

94 **Sacro Monte della Beata Vergine**
di Oropa

108 **Sacro Monte della Beata Vergine del Soccorso**
di Ossuccio

122 **Sacro Monte della Santissima Trinità**
di Ghiffa

138 **Sacro Monte Calvario**
di Domodossola

154 **Sacro Monte**
di Belmonte

Sacro Monte o "Nuova Gerusalemme" di Varallo

"Piazza della Basilica"

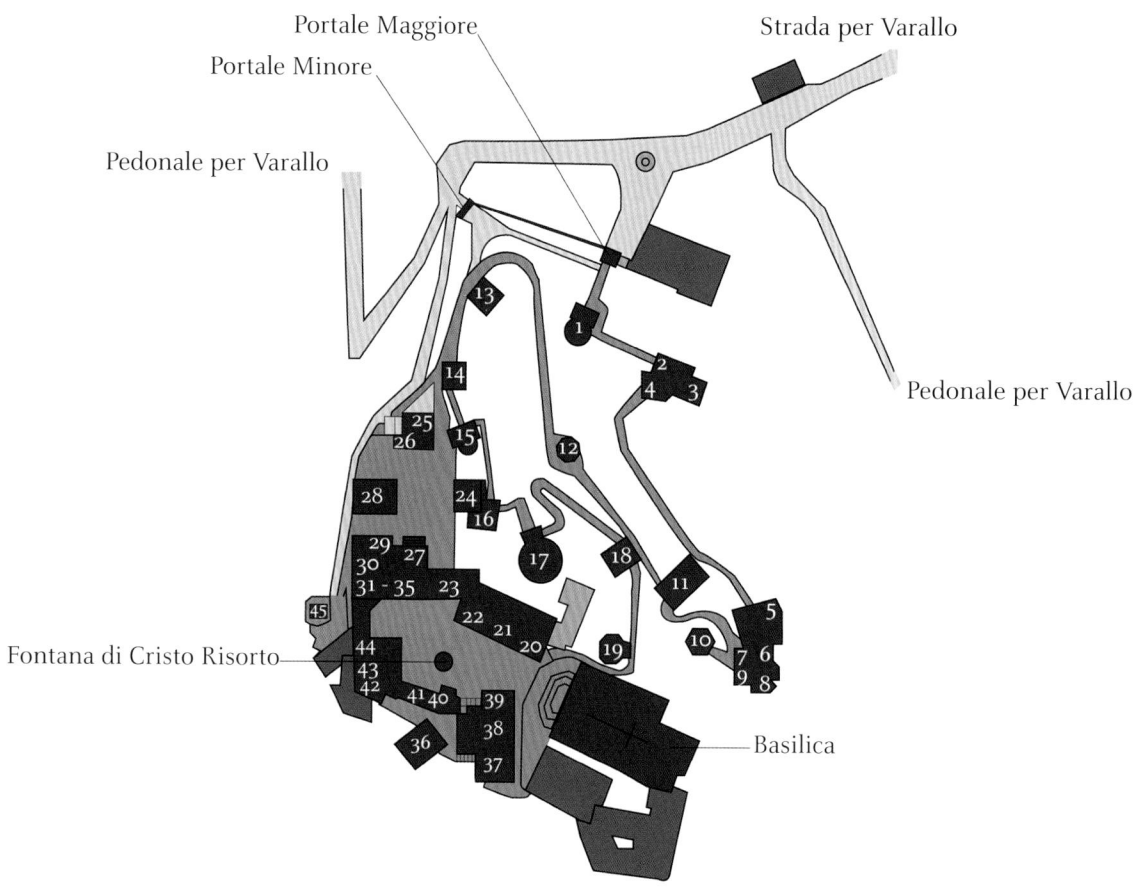

Le cappelle

1. Adamo ed Eva
2. Annunciazione
3. Visitazione
4. Primo sogno di Giuseppe
5. Arrivo dei Magi
6. Natività
7. Adorazione dei pastori
8. Presentazione al tempio
9. Secondo sogno di Giuseppe
10. Fuga in Egitto
11. Strage degli Innocenti
12. Battesimo di Gesù
13. Tentazioni di Cristo nel deserto
14. Samaritana al pozzo
15. Paralitico risanato
16. Resurrezione del figlio della vedova di Naim
17. Trasfigurazione sul Monte Tabor
18. Resurrezione di Lazzaro
19. Ingresso di Cristo in Gerusalemme
20. Ultima cena
21. Orazione nell'orto
22. Discepoli dormienti
23. Cattura di Cristo
24. Cristo al tribunale di Anna
25. Cristo al tribunale di Caifa
26. Pentimento di Pietro
27. Cristo condotto la prima volta davanti a Pilato
28. Cristo al tribunale di Erode
29. Cristo condotto la seconda volta davanti a Pilato
30. Flagellazione
31. Incoronazione di spine
32. Cristo condotto al Pretorio
33. Ecce homo
34. Pilato si lava le mani
35. Condanna a morte
36. Salita al Calvario
37. Affissione alla croce
38. Crocifissione
39. Deposizione dalla croce
40. La Pietà
41. Cristo deposto nella Sindone
42. Altare di San Francesco
43. Santo Sepolcro
44. San Carlo
45. Sepolcro della Vergine

The chapels

1. Adam and Eve
2. The Annunciation of Mary
3. The Visitation
4. The First Dream of Joseph
5. The Arrival of the Magi
6. The Nativity
7. The Adoration of the Shepherds
8. The Presentation in the Temple
9. The Second Dream of Joseph
10. Flight to Egypt
11. The Slaughter of the Innocents
12. The Baptism of Christ
13. The Temptations of Christ in the Desert
14. The Samaritan Woman at the Well
15. The Healing of the Lame
16. The Resurrection of the Son of the Widow of Naim
17. The Transfiguration of Christ on Mount Tabor
18. The Resurrection of Lazarus
19. The Triumphal Entry of Christ into Jerusalem
20. The Last Supper
21. The Agony in the Garden of Gethsemane
22. The Sleeping Disciples
23. The Capture of Christ
24. Christ on Trial Before Annas
25. Christ on Trial Before Caiaphas
26. St. Peter Repents
27. Christ Being Led Before Pilate for the First Time
28. Christ on Trial Before Herod
29. Christ Being Led Before Pilate for the Second Time
30. The Flagellation of Christ
31. The Crowning with Thorns
32. Christ Being Led into the Praetorium
33. "Ecce homo"
34. Pilate washes his hands
35. The Sentencing of Christ
36. The Road to Calvary
37. Christ Affixed to the Cross
38. The Crucifixion
39. The Descent from the Cross
40. The "Pietà"
41. Christ is laid in the shroud
42. The Altar of St. Francis
43. The Holy Sepulcher
44. The Chapel of St. Charles
45. The Sepulcher of the Virgin

Cappella dell'*Adorazione dei pastori* (n. 7), particolare
Chapel of *The Adoration of the Shepherds* (no. 7), detail

Sulla sommità di uno sperone roccioso che si erge sopra l'abitato di Varallo si snoda il percorso formato da quarantacinque cappelle realizzate fra la fine del XV e il XVIII secolo, distribuite in un contesto ora di bosco, ora di giardino all'italiana, ora di piccola città tardo-rinascimentale con la sua cinta muraria, la monumentale porta di ingresso, le strade e le piazze. Al loro interno è illustrata con statue e dipinti la storia della vita di Cristo.

Alle origini del Sacro Monte ci fu il sogno di un frate francescano, Bernardino Caimi, di riprodurre Gerusalemme nella sua terra di origine, il Ducato di Milano, per consentire di visitarla a chi non poteva recarvisi in pellegrinaggio perché i Turchi infestavano il Mediterraneo o perché non poteva permettserselo. Lo racconta un'iscrizione del 7 ottobre del 1491 sulla porta della cappella del *Sepolcro* di Varallo, costruito come fedele riproduzione del Sepolcro di Cristo di Gerusalemme.

Frate dei Minori Osservanti, custodi riconosciuti dei luoghi sacri di Terra Santa dal XIV secolo, padre Bernardino vi era stato come guardiano reggente del Sepolcro di Cristo nel 1478 e lo aveva attentamente studiato, forse portando con sé un modellino ligneo. Tornato in patria, con l'appoggio del duca Ludovico il Moro e il sostegno economico dei nobili locali, volle riprodurlo alle estreme propaggini del Ducato, a Varallo. Nel 1493 una cerimonia solenne diede forma ufficiale al progetto. Vi erano allora tre cappelle già edificate: il *Sepolcro*, la cappella dell'*Ascensione* e la cappella

On the summit of a rocky outcrop which rises above the town of Varallo, winds a path formed by forty-five chapels, built between the late 15th and the 18th century. Distributed in a forest, in an Italian garden, in a small late-Renaissance city with its walls, monumental entrance, streets and squares, inside these chapels are statues and paintings illustrating the life of Christ.

The origins of the Sacro Monte came from a dream of a Franciscan friar, Bernardino Caimi. He set to reproduce Jerusalem in his homeland, the Duchy of Milan, in order to allow it to be visited by those not able to go on pilgrimage because the Turks had infested the Mediterranean or because they could not afford it. Telling the tale is an inscription dated 7 October 1491, on the door of the chapel of the Sepulcher of Varallo, built as a faithful reproduction of the Sepulcher of Christ in Jerusalem.

Brother of the Friar Minors, recognized custodians of the holy sites of the Holy Land since the 14th century, Friar Bernardino was there as the guardian regent of the Sepulcher of Christ in 1478, which he had carefully studied, perhaps bringing with him a wooden model. Back home, with the support of Duke Ludovico il Moro and the economic funding of local nobles, he wanted to reproduce this site at the extreme offshoots of the dukedom, in Varallo.

In 1493, a solemn ceremony gave official form to the project. There were then three chapels already built: the *Sepulcher*, the Chapel of *The Ascension* and the "Under the Cross" Chapel. In 1514, an old Franciscan

alle pagine precedenti / on the previous pages
Veduta della sommità del Monte / View of the mount top

alle pagine 30-31 / on pages 30-31
Cappella della *Trasfigurazione sul Monte Tabor* (n. 17)
Chapel of *The Transfiguration of Christ on Mount Tabor* (no. 17)

"Piazza dei Tribunali"

"sotto la croce". Nel 1514 un'antica guida descriveva già una ventina di luoghi volti a imitare Gerusalemme, ma anche Nazareth e Betlemme, con costruzioni semplici, esternamente simili ad architetture civili e religiose delle valli alpine, circondate da una fitta vegetazione come gli eremi francescani. Il fedele che vi entrava provava l'emozione di vedere, perfettamente imitati, i luoghi in cui Cristo aveva vissuto, come se fosse stato lì presente accanto a lui, ai suoi familiari e ai discepoli. E assisteva a quanto vi era accaduto, messo in scena da sculture tridimensionali a grandezza naturale, in tutto simili a persone vere, animate da emozioni e passioni autentiche, adirate, addolorate e piangenti davanti agli episodi della Passione.

Nel primo Cinquecento il progetto dei frati si sposò con le capacità espressive di Gaudenzio Ferrari, narratore e "poeta in figura". Nato in Valsesia intorno al 1475, Gaudenzio aveva studiato e praticato l'arte della pittura nel Ducato di Milano, attento alle testimonianze più alte di quella cultura, da Leonardo, a Bramante a Bramantino. Un viaggio in Italia centrale nel primo Cinquecento gli aveva fatto conoscere la pittura romana antica della Domus Aurea di Nerone, l'opera di artisti come Pinturicchio, Signorelli e Perugino, mentre con la stessa insaziabile curiosità guardava anche a modelli d'oltralpe, come le serie di incisioni di Dürer.

Dal secondo decennio del secolo Gaudenzio diviene protagonista al Sacro Monte inventando un nuovo modo di narrare la storia sacra. Tra il 1515 e il 1520 illustrava la *Crocifissione* come una grande istantanea di vita vissuta che vedeva come protagonisti del dramma non solo i personaggi sacri e le figure tradizionali, ma anche persone comuni: donne, anziani, bambini, immortalati in statue in terracotta di intenso naturalismo, colorate, con gesti, fisionomie, capelli e barbe autentici come espressioni e sentimenti,

guide reported that there were already twenty places imitating Jerusalem, but also Nazareth and Bethlehem, with simple buildings, externally similar to urbane and religious buildings of the Alpine valleys, surrounded by a dense vegetation like the Franciscan hermitages. The faithful, who entered, felt the emotion of seeing, perfectly imitated, the places where Christ had lived, as if standing there, beside him, with his family and disciples. They witnessed what had happened there, illustrated by three-dimensional life-size sculptures all similar to real people, alive with emotions and authentic passions, angry, grieving and weeping before the episodes of the Passion.

In the early 16th century, the project of the friars was combined with the expressive abilities of Gaudenzio Ferrari, narrator and "poet in the figure." Born in the Valsesia around 1475, Gaudenzio had studied and practiced the art of painting in the Duchy of Milan, observant of the highest testimonies of culture, from Leonardo to Bramante and Bramantino. A trip to central Italy in the early 16th century allowed him to experience the ancient Roman painting of Nero's *Domus Aurea*, the works of artists such as Pinturicchio, Signorelli and Perugino. With the same insatiable curiosity, he also looked to examples beyond the Alps, like the series of engravings by Dürer.

From the second decade of the 15th century, Gaudenzio became a key player at the Sacro Monte, inventing a new way of sharing the sacred story. Between 1515 and 1520, he exemplified the *Crucifixion* as a great snapshot of real life which included not only the sacred and traditional personages, but also common people: women, elderly, children, immortalized in terracotta statues of intense naturalism, colorful, with gestures, physiognomy, hair and beards authentic, full of expression and feelings. Each member of the faithful could identify

Cappella della *Salita al Calvario* (n. 36), particolare
Chapel of *The Road to Calvary* (no. 36), detail

così che ogni fedele potesse immedesimarsi e partecipare emotivamente alla scena. E dietro le statue e tutt'intorno, sulle pareti della cappella, la scena continuava con altre figure dipinte in scala leggermente maggiore, cavalli, cavalieri, soldati, popolani, donne, bambini e cagnolini: una gran varietà di costumi e tipi umani che seguivano a ridosso le statue formando un corteo unico. Il fedele che entrava era catturato in un racconto a tre dimensioni, astante e attore allo stesso tempo.

Di Gaudenzio sono anche le statue del complesso di Betlemme, ove si ritrova ancora oggi la copia esatta della basilica inferiore della Terra Santa, con la grotta della Natività, con spazi identici, ma qui a Varallo popolati da statue colorate e con capelli naturali a raccontare quello che vi era successo, immediate e semplici come la Madonna e Giuseppe, i pastori e il corteo dei Magi che si dispiega in pittura e in scultura.

Nel tardo Cinquecento un finanziere milanese, Giacomo d'Adda, sposo dell'ultima rampolla della famiglia che aveva finanziato la cappella del *Santo Sepolcro*, volle rivitalizzare il cantiere incaricando Galeazzo Alessi, un architetto perugino affermato presso la committenza civile e religiosa a Milano come a Genova, di ridisegnare il Sacro Monte. Il progetto, denominato "Libro dei Misteri", oggi conservato presso la biblioteca civica di Varallo, voleva trasformare il complesso in un luogo rarefatto, prossimo al gusto delle ville profane contemporanee, cinto da mura, a cui si accedeva varcando una monumentale porta di ingresso, con raffinati tempietti tardo-rinascimentali a pianta centrale distribuiti parte nel bosco, parte in zone di giardino all'italiana con filari di siepi, fontane, giochi d'acqua, parte in una piazza ottagonale che inglobava i sacelli più antichi, come una piccola città ideale, la Nuova Gerusalemme, in cui era raccontato,

with a personage and participate emotionally in the scene. Behind the statues and all around, on the walls of the chapel, the story continued with other figures painted on a slightly larger scale, horses, knights, soldiers, commoners, women, children and dogs; a great variety of traditions and humans following close to the statues formed a single procession. The worshipper who entered was captured in a three-dimensional story, a bystander and actor all at the same time.

Of Gaudenzio are also the statues of the Bethlehem complex, which is the exact copy of the lower basilica of the Holy Land, with the Grotto of the Nativity, with identical spaces, but here in Varallo, it is "populated" with colorful statues and with natural hair telling what had happened, immediate and simple like Mary and Giuseppe, the shepherds and the procession of the Magi that unfolds in painting and sculpture.

In the late 16th century, a Milanese financier, Giacomo d'Adda, bridegroom of the last descendant of the family who had financed the Holy Sepulcher Chapel, wanted to revive the site by commissioning Galeazzo Alessi, an architect from Perugia established at the urbane and religious commission in Milan as well as in Genoa, to redesign Sacro Monte. The project, called the "Book of Mysteries," now kept in the civic library of Varallo, wanted to turn the complex into a rarefied site, similar in taste to the contemporary secular villas, surrounded by walls, which were entered by passing through a monumental entrance, with exquisite late-Renaissance temples, centrally planned. The chapels should be distributed partly in the woods, in areas similar to Italian gardens with rows of hedges, fountains, water displays as well as in an octagonal square which had incorporated the oldest buildings, like a small ideal city, the new Jerusalem, in which it was mentioned, articulated by the chronology of the

alle pagine precedenti / on the previous pages
Cappella dell'*Ecce homo* (n. 33), particolari
Chapel of *"Ecce homo"* (no. 33), details

Cappella dell'*Ecce homo* (n. 33) / Chapel of *"Ecce homo"* (no. 33)

alle pagine 38-39 / on pages 38-39
Cappella di *Cristo condotto la prima volta davanti a Pilato* (n. 27)
Chapel of *Christ Being Led Before Pilate for the First Time* (no. 27)

alle pagine 40-41 / on pages 40-41
Cappella della *Crocifissione* (n. 38) / Chapel of *The Crucifixion* (no. 38)

scandito dalla cronologia della vita di Cristo, il Nuovo Testamento. Questo articolato piano, che richiedeva importantissimi investimenti, vide realizzate interamente la nuova porta monumentale, la prima cappella e alcune altre, costruite nel tardo Cinquecento, come stanno rivelando recenti studi, ma lasciò il segno anche nell'organizzazione del giardino.

Una nuova svolta al complesso venne data dal vescovo Carlo Bascapè (1593-1615), collaboratore di Carlo Borromeo a Milano e ben informato delle scelte compiute dal Concilio di Trento in tema di arte sacra. Bascapè avocò a sé il compito di indicare le scene da illustrare, volle controllare i bozzetti preparati dagli artisti, autorizzò i lavori, ne controllò i risultati, sindacò sulla scelta degli artefici che voleva di provata qualità, prescrisse che le figure che comparivano in più cappelle (come Cristo, Pilato, i soldati eccetera) avessero la stessa fisionomia per essere riconoscibili all'interno del racconto. Riorganizzò così il Monte come un grande catechismo illustrato di chiara leggibilità per tutti, attentamente controllato nei contenuti, indicando Gaudenzio Ferrari come modello di illustrazione vera e naturale, capace di muovere i sentimenti e coinvolgere i fedeli.

Sotto la sua guida furono costruiti e allestiti numerosi sacelli, in particolare quelli della Passione di Cristo, impegnando artisti di primo piano come Morazzone, Tanzio da Varallo e suo fratello, il plasticatore Giovanni d'Enrico, e vennero progettate le due piazze terminali, quella dei Tribunali e quella del Tempio. Il cantiere continuò su questa scia fino al pieno Settecento con la costruzione dell'ultima cappella, quella di *Cristo al tribunale di Anna* (n. 24).

Fu questa fase del Sacro Monte a divenire modello per i Sacri Monti dell'arco alpino: Crea, Orta, Varese e poi a seguire gli altri.

life of Christ, the New Testament. This complex plan, which required significant investments, included the completed new monumental entrance, the first chapel and some others, built in the late 16th century, as recent studies have revealed, but it also left its mark on the organization of the gardens.

A new twist to the complex was given by the Bishop of Novara, Carlo Bascapè (1593–1615), a collaborator of Charles Borromeo in Milan and well informed about the choices made by the Council of Trent on the subject of sacred art. Bascapè called it upon himself to choose the scenes to be exemplified. He wanted to check the sketches prepared by the artists and authorized the works, to check the results and syndicate the choice of the artists he wanted of experienced quality. He established that the characters depicted in several chapels (like Christ, Pilate, soldiers, etc.) would have had the same physiognomy so as to be recognizable. Reorganized the Monte in such manner, like a great illustrated catechism, clearly readable for everyone, with carefully controlled content, directing Gaudenzio Ferrari as a model of true and natural illustration, able of stirring feelings and involving worshippers.

Under his guidance, numerous chapels were built and adorned; in particular those of the Passion of Christ, engaging prominent artists such as Morazzone, Tanzio da Varallo and his brother, the modeler Giovanni d'Enrico, and were designed the two final squares, that of the Courts and that of the Temple. The site continued on this path until the mid-18th century with the construction of the last chapel, that of *Christ on Trial Before Annas* (no. 24).

This phase of Sacro Monte was that which became a model for the other Sacro Monte spotted along the Alpine arc: Crea, Orta, Varese, and so on.

Sacro Monte di San Francesco di Orta

Veduta del lago d'Orta dal Sacro Monte
View of Lake Orta from the Sacro Monte

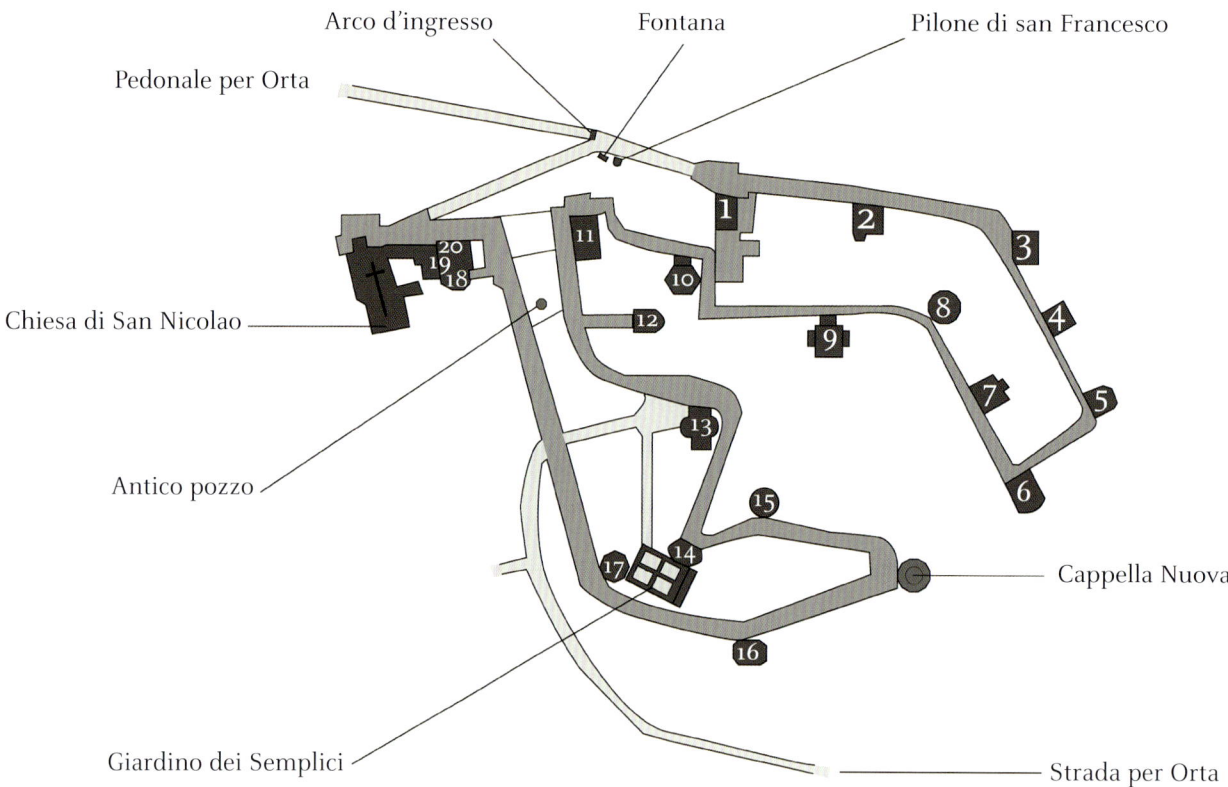

Le cappelle

1. Nascita di san Francesco
2. Il Crocifisso parla a san Francesco nella chiesa di San Damiano
3. San Francesco rinuncia ai beni terreni nelle mani del vescovo
4. San Francesco ascolta la messa
5. Vestizione dei primi seguaci di san Francesco
6. San Francesco invia i frati a predicare. I miracoli confermano la predicazione
7. Innocenzo III approva i propositi di vita di san Francesco e dei suoi primi compagni
8. San Francesco appare ai frati in sogno rapito su un carro di fuoco
9. Vestizione di santa Chiara
10. Vittoria di san Francesco sulle tentazioni
11. San Francesco ottiene l'indulgenza della Porziuncola
12. Cristo detta a san Francesco la regola
13. San Francesco, per umiltà, si fa condurre nudo per le vie di Assisi
14. San Francesco incontra il sultano d'Egitto
15. San Francesco riceve le stigmate
16. San Francesco, gravemente ammalato, ritorna ad Assisi poco prima di morire
17. Morte di san Francesco
18. Sepolcro di san Francesco
19. Miracoli di san Francesco
20. Canonizzazione di san Francesco

The chapels

1. The Birth of St. Francis
2. The Cross speaks to St. Francis inside the Church of San Damiano
3. St. Francis renounces his earthly possessions in the hands of the Bishop
4. St. Francis attends the Mass
5. First followers of St. Francis take the habit
6. St. Francis invites the friars to preach. The miracles confirm the preaching
7. Pope Innocent III approves the way of life of St. Francis and his closest companions
8. St. Francis appears to the friars in their dreams, enraptured on a chariot of Fire
9. St. Claire takes the habit
10. St. Francis overcomes the temptations
11. St. Francis obtains indulgence from the *Portiuncola*
12. Christ dictates the rule to St. Francis
13. St. Francis is humbly led naked through the streets of Assisi
14. St. Francis meets the Sultan of Egypt
15. St. Francis Receveing the Stigmata
16. St. Francis, gravely ill, returns to Assisi just before dying
17. The Death of St. Francis
18. The Sepulcher of St. Francis
19. The Miracles of St. Francis
20. The Canonization of St. Francis

Cappella di *San Francesco incontra il sultano d'Egitto* (n. 14), particolare / Chapel of *St. Francis meets the Sultan of Egypt* (no. 14), detail

Su di un promontorio proteso sul lago d'Orta, detto Monte di San Nicolao di Mira, in un percorso a chiocciola in cui la vegetazione si apre a spettacolari scorci di visuale sul lago, si snodano venti tempietti tardo-rinascimentali e barocchi, in un contesto ora di giardino, ora di bosco, per illustrare con statue e dipinti la storia di san Francesco.

Nella chiesa di San Nicolao, parrocchiale già dal Medioevo, nel 1538 la statua lignea tardo-gotica della *Madonna della Pietà*, conservata tuttora sull'altare maggiore, era stata vista sudare, aprire e chiudere gli occhi e compiere miracoli come racconta il notaio ortese Elia Olina. In questo quadro si inserisce la volontà, espressa nel 1583 in una delibera dalla comunità di Orta, di edificare in quel luogo delle cappelle e un monastero. Si pensava di emulare il Sacro Monte di Varallo, distante poco più di venti miglia, con la sua efficacia narrativa e didattica adatta a esprimere la nuova devozione post-tridentina. Si raccolsero fondi, si nominarono i fabbricieri, venne ceduta dalla comunità la selva di San Nicolao, e finalmente, grazie all'impegno dell'abate novarese Amico Cannobio, il progetto decollò. Nel 1590 fu posata la prima pietra del convento cappuccino sotto la guida del frate architetto Cleto da Castelletto Ticino, per il quale si è supposta una formazione presso Pellegrino Tibaldi. Cleto progettò anche le cappelle, distribuite sulla collina, e i percorsi, e forse suggerì la scelta degli artisti. Nel 1592 Cannobio

On a promontory point stretched out along Lake Orta, also called the Monte di San Nicolao di Mira, winds a spiral path where the vegetation opens up to spectacular views of the lake and twenty small late Renaissance and Baroque temples, in what is now a garden, a woods, to illustrate with statues and paintings the life of Saint Francis.

In the church of San Nicolao, a parish since the Middle Ages, in 1538 the late Gothic wooden statue of the *Madonna della Pietà*, still kept on the main altar, has been seen sweating, opening and closing its eyes as well as performing miracles, as told by the notary, Elia Olina from Orta. Within this framework according to the will, expressed in 1583 in a resolution by the community of Orta, it was decided to build in that very place chapels and a monastery. It was thought to emulate the Sacro Monte in Varallo, just a bit more than twenty miles away, with its narrative and effective teachings suitable to express the new devotion after the Council of Trent. Funds were collected, church wardens was appointed, the wooded lands of San Nicolao was given by the community, and finally, thanks to the commitment of the Abbot Novarese, Amico Cannobio, the project took off. In 1590, the first stone of the Capuchin convent was laid under the guidance of the architect, Friar Cleto da Castelletto Ticino, who is said to have trained under Pellegrino Tibaldi. Cleto also designed the chapels, distributed over the hill, and the paths and perhaps aided

Veduta del lago d'Orta dal Sacro Monte
View of Lake Orta from the Sacro Monte

scriveva che si stavano costruendo tre cappelle, se ne cominciavano altre sei e "ventiquattro scultori et molti rari muratori" lavoravano guidati da Cleto. L'abate si riservò la cappella finale dell'itinerario, per cui lasciò una somma iniziale e una cospicua rendita.

Ma già nel 1593, appena nominato vescovo di Novara e signore della Riviera d'Orta, Carlo Bascapè si interessò all'opera. Mentre a Varallo riorganizzava in quegli stessi anni un Sacro Monte che vantava già un secolo di vita, qui ne seguì la costruzione dall'inizio, percorrendo il colle con il progetto in mano, chiedendo a Cleto di disegnare le strade fra una cappella e l'altra e di piantare "gli arbori", prescrivendo che si fissasse nel terreno una croce nel luogo corrispondente a ogni futuro sacello, accompagnata da una tabella con l'indicazione della scena da raffigurare e da una bussola per la raccolta delle offerte. Risale a questa fase lo studiato rapporto con il paesaggio circostante volto ad alternare il raccoglimento devoto alla visione edificante di scorci di lago.

Il vescovo volle dettare, come a Varallo, la scena da illustrare nelle cappelle raccomandando la scelta di "artefici di valore", controllando il bozzetto steso dall'artista e imponendo correzioni, anche a lavori già ultimati.

Per dare impulso al progetto donò la cappella con la scena di san Francesco che lascia i suoi beni e si spoglia davanti al vescovo di Assisi chiamando a decorarla i fratelli Giovanni Battista e Giovanni Mauro Della Rovere, detti Fiammenghini per la loro origine nordica, che descrissero con dovizia di particolari le figure, i costumi, i paesaggi e gli interni di case, così da catturare l'attenzione del visitatore.

Per le sculture delle prime cappelle fu protagonista

in the selection of the artists. In 1592, Cannobio wrote that three chapels were built, six more had begun construction and "twenty-four sculptors and many rare masons" were working under the guidance of Cleto. The Abbot reserved the final chapel, for which he left an initial sum and a substantial income.

In 1593, as soon as he was appointed Bishop of Novara and Lord of the Orta Riviera, Carlo Bascapè also became interested in the work. While in Varallo he reorganized in those same years a Sacro Monte already praised with a century of life, here he began the construction from the beginning, along the hill with the project in hand, asking Cleto to design the paths between a chapel and the other and to plant the trees. Indicating the place corresponding to each future chapel a cross was to be planted in the ground, together with a chart with the indication of the scene to be represented and an alms box for collecting any offers. Dating back to this phase, the studied relationship with the surrounding landscape aimed at alternating the devout recollection with the edifying visions of the lake. The bishop wanted to dictate, as in Varallo, the scenes to be depicted in the chapels, recommending the choice of "valued craftsmen," checking the sketches drawn by the artists and imposing corrections, even to pieces already completed. To push the project along, he donated the chapel with the scene of Saint Francis leaving his possessions and stripping naked in front of the Bishop of Assisi. He called Giovanni Battista and Giovanni Mauro Della Rovere, brothers known as the Fiammenghini because of their Nordic origin, to decorate the chapel, which they described with great detail the figures, rituals, landscapes and interiors of homes, so as to capture the visitor's attention.

For the sculptures of the first chapels, Cristoforo Prestinari, coming from the construction site of the cathedral

Cappella di *Cristo detta a san Francesco la regola* (n. 12)
Chapel of *Christ dictates the rule to St. Francis* (no. 12)

a pagina 50 / on page 50
Cappella della *Nascita di san Francesco* (n. 1), particolare
Chapel of *The Birth of St. Francis* (no. 1), detail

alle pagine 51-53 / on pages 51-53
Cappella di *Innocenzo III approva i propositi di vita di san Francesco e dei suoi primi compagni* (n. 7), insieme e particolare / Chapel of *Pope Innocent III approves the way of life of St. Francis and his closest companions* (no. 7), full view and detail

alle pagine 54-55 / on pages 54-55
Cappella della *Canonizzazione di san Francesco* (n. 20), veduta d'insieme e particolare / Chapel of *The Canonization of St. Francis* (no. 20), full view and detail

a pagina 56 / on page 56
Cappella della *Vestizione dei primi seguaci di san Francesco* (n. 5), particolare / Chapel of *First followers of St. Francis take the habit* (no. 5), detail

a pagina 57 / on page 57
Cappella della *Nascita di san Francesco* (n. 1), particolare
Chapel of *The Birth of St. Francis* (no. 1), detail

Cristoforo Prestinari, proveniente dal cantiere del duomo di Milano, con la sua bottega, artista capace di figure di grande umanità e naturalezza. Per il reclutamento degli artisti si guardava a Varallo, ove avevano lavorato sia i Fiammenghini che Morazzone, attivo negli stessi anni anche al Sacro Monte di Varese.

Morto Bascapè (1615) si continuò sui binari da lui indicati. Venuto a mancare anche lo scultore Prestinari (1623), si reclutò lo statuario di Varallo, Giovanni d'Enrico con la sua bottega, mentre dipingevano le pareti Antonio Maria Crespi di Busto Arsizio, vicino ai modi di Morazzone, e il valsesiano Cristoforo Martinoli.

A metà Seicento fa capolino, per le architetture, il nuovo imponente modello del Sacro Monte di Varese (ad esempio nelle cappelle nn. 10 e 13) anticipato in pittura dai fratelli Nuvolone, artisti lombardi aggiornati alla cultura romana e genovese, con le caratteristiche figure piene e gonfie. In scultura sono Dionigi Bussola, prima, e Giuseppe Rusnati poi, provenienti dal duomo di Milano, il più importante cantiere scultoreo dell'Italia settentrionale, veri specialisti dei Sacri Monti, a portare la nuova ondata di gusto barocco aggiornato alla cultura romana. Le scene, teatrali, accalcate di personaggi concitati, mirano a stupire più che a raccontare. Ma il sostrato lombardo dei due artisti rivela ancora visi naturali e ritratti efficaci come l'incredibile rassegna di prelati della cappella della *Canonizzazione di san Francesco*. A quest'epoca cambia lo spettacolo e con esso la visione: le grate lignee delle prime cappelle sono sostituite da inferriate più sottili che consentono di gustare a pieno la scena, i movimenti, la luce.

of Milan, with his workshop played a key role. He was an artist capable of creating figures of great humanity and naturalness. For the recruitment of artists, the Varallo site was very important since both the Fiammenghini and Morazzone worked there, active in the same years also at the Sacro Monte of Varese.

After Bascape died (1615), the work continued along the lines directed by him. Prestinari, the sculptor, also gone (1623), recruited was Giovanni d'Enrico, the sculptor from Varallo with his workshop, while for the walls was Antonio Maria Crespi of Busto Arsizio, rather similar to the ways of Morazzone and Cristoforo Martinoli from the Valsesia.

In the middle of the 17th century, the architecture was influenced by the new imposing model of the Sacro Monte in Varese (for example in the chapels no. 10 and no. 13) as seen in the paintings by the Nuvolone brothers, Lombard artists following the Roman and Genoese cultures, with characteristic rounded figures. For the sculptures, first was Dionigi Bussola and then Giuseppe Rusnati, coming from the cathedral of Milan, the most important sculptural work site in northern Italy, the true specialists of the Sacro Monte who brought the new wave of baroque kept abreast with that of the Roman culture. The theatrical scenes, crowded with excited characters, designed to amaze rather than to tell. But the Lombard substratum of the two artists revealed again natural faces and portraits as effective as the incredible review of prelates of the chapel with *The Canonization of Saint Francis*. At this period, the show changed and with it the vision; wooden gratings of the first chapels were replaced by thinner bars which made it possible to fully enjoy the scene, flow and light.

Sacro Monte di Santa Maria Assunta di Crea

Cappella dell'*Incoronazione della Vergine* o del *Paradiso* (n. 23)
Chapel of *The Coronation of the Virgin* or *Paradise* (no. 23)

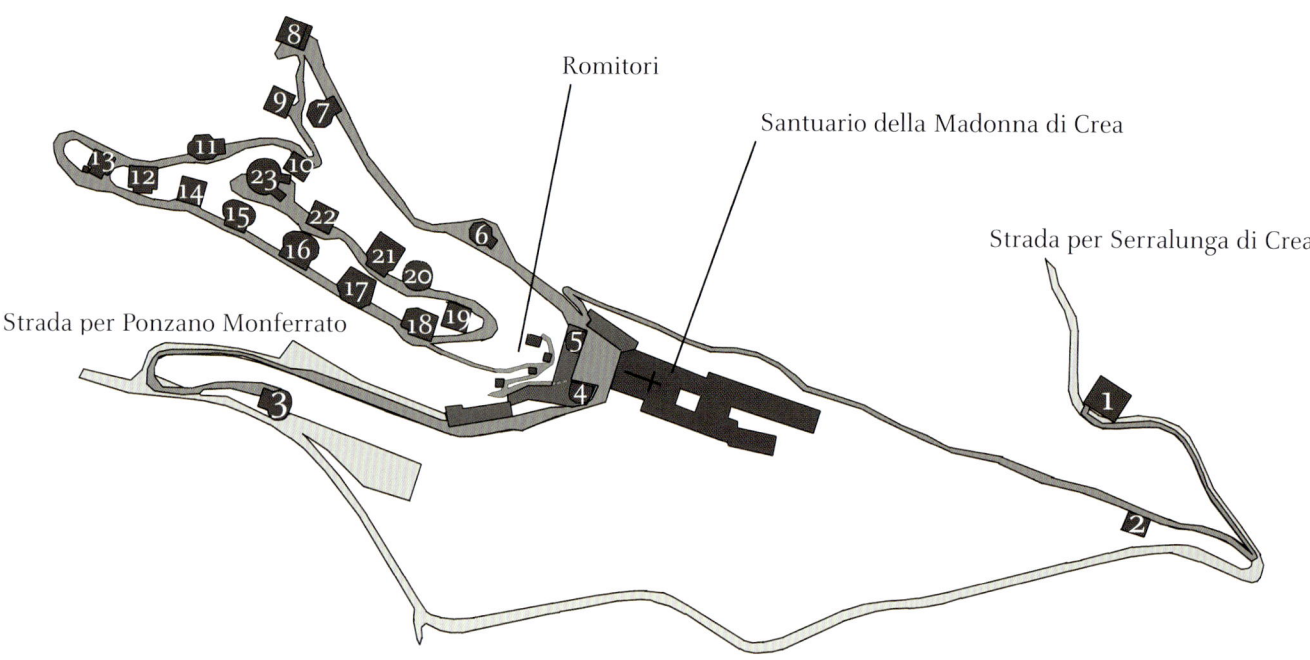

Le cappelle

1. Martirio di sant'Eusebio
2. Riposo di sant'Eusebio
3. Maria prefigurata e profetata
4. Concezione di Maria
5. Natività di Maria
6. Presentazione di Maria al tempio
7. Sposalizio di Maria
8. Annunciazione
9. Visitazione
10. Natività di Cristo
11. Presentazione di Cristo al tempio
12. Disputa fra i dottori
13. Orazione nell'orto
14. Flagellazione
15. Incoronazione di spine
16. Salita al Calvario
17. Nozze di Cana
18. Crocifissione
19. Resurrezione
20. Ascensione
21. Discesa dello Spirito Santo
22. Assunzione
23. Incoronazione della Vergine o Paradiso

The chapels

1. The Martyrdom of St. Eusebius
2. The Resting of St. Eusebius
3. Prefigured and Prophesied Mary
4. The Conception of Mary
5. The Nativity of Mary
6. The Presentation of Mary in the Temple
7. The Wedding of Mary
8. The Annunciation of Mary
9. The Visitation
10. The Nativity of Christ
11. Presentation of Christ in the Temple
12. Christ Among the Doctors
13. The Agony in the Garden of Gethsemane
14. The Flagellation of Christ
15. The Crowning with Thorns
16. The Road to Calvary
17. The Wedding at Cana
18. The Crucifixion
19. The Resurrection of Christ
20. The Ascension of Christ
21. The Descent of the Holy Spirit
22. The Assumption of Mary
23. The Coronation of the Virgin or Paradise

Cappella della *Concezione di Maria* (n. 4), particolare
Chapel of *The Conception of Mary* (no. 4), detail

Su di una collina con un'ampia visuale sui vigneti del Monferrato, in un bosco di roverelle, bagolari e aceri campestri, si snodano le ventitré cappelle e i cinque romitori che al Sacro Monte di Crea illustrano la storia di Maria e i misteri del Rosario. Fulcro religioso e artistico del complesso è il santuario della Madonna di Crea, erede di un antico luogo di culto che la tradizione lega a sant'Eusebio, primo vescovo di Vercelli, rifugiatosi sulle colline di Crea nel IV secolo per sfuggire alle persecuzioni ariane.

I resti archeologici dell'VIII, X e XII secolo attestano l'esistenza di un'antica chiesa che ricevette in quel periodo importanti doni dai marchesi del Monferrato.

Dei legami consolidati del santuario con la corte sono testimonianza i ritratti di Guglielmo VIII del Monferrato con la moglie, le figlie e i più stretti consiglieri, raffigurati in dimensioni maggiori delle figure sacre, elegantemente vestiti, posti ai lati del trittico con la *Madonna col Bambino e santi* nella cappella di Santa Margherita nel coro della chiesa, opera di un artista raffinato, vicino ai modi di Martino Spanzotti (1475-1480).

Nel tardo Cinquecento il rettore del santuario, il canonico Costantino Massino, progettò di "fabricare in diverse parti di questo Sacro Monte alcune cappelle, nelle quali fusse rappresentata la vita santa e la morte beata" della Madonna.

Il primo novembre 1589, in occasione della cerimonia di fondazione, furono piantate quindici croci nel luogo ove sarebbero state costruite altrettante cappelle.

On a hill with a sweeping view of the Monferrato vineyards, in a wood of downy oaks, hackberry and field maples, wind the twenty-three chapels and five hermitages of the Sacro Monte of Crea which illustrate the story of Mary and the Mysteries of the Rosary.

The religious and artistic fulcrum of the complex is the sanctuary of the Madonna of Crea, heir to an ancient place of worship where tradition is bound to Saint Eusebius, the first Bishop of Vercelli, who took refuge in the hills of Crea in the 4th century to escape the Arian persecutions.

The archaeological remains of the 8th, 10th and 12th centuries attest to the existence of an ancient church, which received important gifts from the Marquises of Monferrato in the 13th century.

The consolidated ties between the sanctuary and the court are attested by the portraits of William VIII Marquis of Monferrato with his wife, daughters and closest advisers, who are shown larger than the sacred figures, elegantly dressed, on the sides of the triptych with the *Madonna with Child and Saints* in the chapel of Santa Margherita in the choir of the church, the work of a refined artist, similar to the manner of Martino Spanzotti (1475–1480).

In the late 16th century, the rector of Crea, the priest Constantine Massino, to swell about once again the devotion to the Virgin and the influx of the pilgrims, planned to "erect in various parts of this Sacro Monte chapels, which would depict the holy life and the

alle pagine 62-63 / on pages 62-63
Il profilo del Sacro Monte fra le colline del Monferrato
The profile of Sacro Monte amongst the hills of Monferrato

alle pagine 64-65 / on pages 64-65
Veduta del santuario di Santa Maria Assunta e del convento
View of the Sanctuary of Santa Maria Assunta and of the convent

Cappella della *Concezione di Maria* (n. 4), particolare
Chapel of *The Conception of Mary* (no. 4), detail

Le fonti seicentesche chiariscono l'intento di realizzare un itinerario per immagini chiaro e didascalico, "con figure di rilevo, ad imitazione di Varalle", per favorire la preghiera e la meditazione. Si voleva così rinnovare la sacralità del Monte legata al soggiorno di sant'Eusebio che vi avrebbe portato dalla Palestina l'antica statua della Madonna, creduta opera di san Luca, tuttora conservata nel coro del santuario, in realtà databile sulla metà del XIII secolo.

Fra i primi sostenitori dell'impresa si distinsero Vincenzo Gonzaga, duca di Mantova e di Monferrato, che donò la cappella della *Natività di Maria*, già eretta e decorata nel 1593, Fabio Gonzaga, governatore del Monferrato, che finanziò il sacello della *Visitazione*, iniziato nel settembre 1598, alti funzionari del Ducato, ecclesiastici e alcune comunità del territorio come Vercelli, Alessandria, Moncalvo. Appoggiando il progetto del Massino la nuova dinastia regnante legava il suo nome a un luogo di importanza strategica e simbolica per il Monferrato in un momento delicato per il controllo militare e politico del territorio. All'inizio del Seicento Federico Zuccari, pittore e trattatista marchigiano, poi impegnato a Torino per la corte di Carlo Emanuele I di Savoia, visitava la cappella dell'*Incoronazione della Vergine* che si stava allestendo internamente con statue dei fratelli fiamminghi Nicola e Giovanni Tabacchetti di Dinant e di un plasticatore lombardo, e ricordava che il progetto era stato portato a più di quaranta cappelle per gareggiare con il Sacro Monte di Varallo. Una presenza importante in questa prima fase dei lavori è anche quella del pittore monferrino Guglielmo Caccia, detto il Moncalvo, seguito poi da Giorgio Alberini, alessandrino, che affrescò diverse cappelle nel primo decennio del Seicento.

Le guerre del Monferrato, che videro contrapposti

Blessed death" of the Madonna. On the 1st of November 1589, fifteen crosses were planted in the places where the same number of chapels were to be built. Seventeenth-century sources make clear the intention of creating a route with clear and didactic images, with prominent figures and similar to those of Varallo, so as to encourage prayer and meditation. This is the way he wanted to renew the sacredness of the "Monte" linked to the stay of Saint Eusebius who is said to have brought from Palestine the ancient statue of the Madonna, believed to be the work of Saint Luke, still preserved in the choir of the sanctuary and actually datable to the mid-13th century.

Among the first contributors of the undertaking were Vicenzo Gonzaga, Duke of Mantua and Montferrat, who donated the chapel of the *Nativity of Mary*, already built and decorated in 1593 and Fabio Gonzaga, governor of Montferrat, who financed the chapel dedicated to the Visitation which begun construction in September 1598, in addition to senior officials of the duchy, clergymen and a few communities of the territory such as Vercelli, Alessandria, Moncalvo. By patronizing the project of Massino, the new ruling dynasty linked its name to a place of strategic and symbolic importance for the Montferrato territory in a delicate moment for its military and political control. At the beginning of the 17th century, Federico Zuccari, painter and writer of treatises from the Marches, visited the Chapel of *The Coronation of the Virgin* which inside was being set up with statues by the Flemish brothers Nicola and Giovanni Tabacchetti of Dinant and by a Lombard modeler and who remembered that the project had been brought to more than forty chapels to compete with that of Sacro Monte of Varallo. An important presence in this first work phase was also that of the painter from Montferrat, Guglielmo

Interno del santuario di Santa Maria Assunta
Inside the Sanctuary of Santa Maria Assunta

a pagina 70 / on page 70
Cappella della *Salita al Calvario* (n. 16), particolare
Chapel of *The Road to Calvary* (no. 16), detail

a pagina 71 / on page 71
Cappella delle *Nozze di Cana* (n. 17), particolare
Chapel of *The Wedding at Cana* (no. 17), detail

alle pagine 72-73 / on pages 72-73
Cappella della *Salita al Calvario* (n. 16), particolare
Chapel of *The Road to Calvary* (no. 16), detail

a pagina 74 / on page 74
Cappella della *Resurrezione* (n. 19) / Chapel of *The Resurrection of Christ* (no. 19)

a pagina 75 / on page 75
Cappella dell'*Incoronazione della Vergine* o del *Paradiso* (n. 23)
Chapel of *The Coronation of the Virgin* or *Paradise* (no. 23)

lungo l'intero secolo, con brevi intervalli, i Gonzaga e i Savoia, portarono al Monte razzie e devastazioni, seguite da parziali ricostruzioni. Le soppressioni del convento a fine Settecento videro l'abbandono dei canonici lateranensi e la successiva vendita all'asta (1809) della chiesa, del convento, di terreni ed edifici. A partire dal 1811 i beni furono riacquistati in una paziente opera di ricomposizione a favore della diocesi di Casale. I primi lavori di ripristino seguirono alla cessione, nel 1820, della chiesa e del convento in perpetuo usufrutto ai frati francescani Minori Osservanti.

Nel 1859 il vescovo Luigi Nazari di Calabiana istituiva la Società di Restauro del Santuario di Crea avviando una fondamentale fase di riorganizzazione del complesso mirata a raffigurarvi i misteri del Rosario. Vennero costruite nuove cappelle, riparate e riplasmate statue singole e gruppi plastici a opera del frate francescano Giuseppe Latini prima e negli ultimi due decenni del secolo del plasticatore savonese Antonio Brilla. Di particolare rilievo l'allestimento della nuova cappella della *Salita al Calvario* (1892-1895), dello scultore casalese Leonardo Bistolfi, che riattualizza le soluzioni messe a punto da Gaudenzio Ferrari per il Sacro Monte di Varallo illustrando la scena con una serrata integrazione di scultura e pittura in una originale e felice rilettura del tema in chiave simbolista.

Caccia also called 'the Moncalvo,' followed then by Giorgio Alberini, from Alessandria, who imitated his style as he frescoed several chapels in the first decade of the 17th century.

The wars of the Montferrat, which saw the opposition between the Gonzagas and the Savoy throughout the century, with brief intervals, brought raids and devastations to the Sacro Monte, followed by partial reconstructions. At the end of the 18th century, the suppression of the convent saw the abandonment of the Lateran priests and the subsequent auctioning of the church, convent, land and buildings in 1809. From 1811, the assets were reacquired in a careful work of reorganization in favor of the diocese of Casale. Following the sale in 1820, the first acts of restoration were carried out on the church and the convent by the Franciscan Order of Friars Minor which had been given in perpetual usufruct.

In 1859, Bishop Luigi Nazari di Calabiana initiated a fundamental phase of reorganization of the complex. He wanted to portray the Mysteries of the Rosary. New chapels were built, single statues and groups of statues were repaired and remolded by the Franciscan Friar Giuseppe Latini first and in the last two decades of the century by the sculptor Antonio Brilla from Savona. Of particular importance was the construction of the new Chapel of *The Road to Calvary* (1892–1895) by Italian sculptor Leonardo Bistolfi from Casale who recreated the solutions adopted by Gaudenzio Ferrari for the Sacro Monte of Varallo illustrating the scene with a close integration of sculptures and paintings in an original and joyful re-reading of the theme in a symbolist manner.

Sacro Monte del Rosario
di Varese

Veduta del Sacro Monte e del santuario
di Santa Maria del Monte / View of Sacro Monte
and the Sanctuary of Santa Maria del Monte

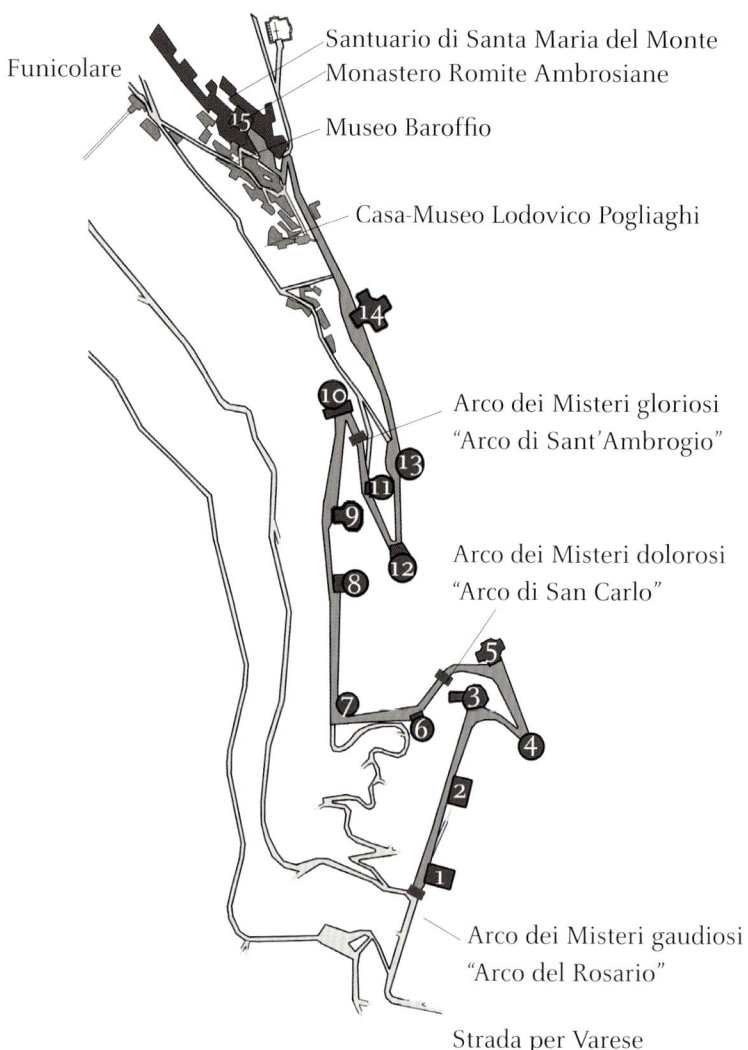

Le cappelle

1. Annunciazione
2. Visitazione
3. Natività
4. Presentazione al tempio
5. Disputa fra i dottori
6. Orazione nell'orto
7. Flagellazione
8. Incoronazione di spine
9. Salita al Calvario
10. Crocifissione
11. Resurrezione
12. Ascensione
13. Discesa dello Spirito Santo
14. Assunzione
15. Incoronazione della Vergine

The chapels

1. The Annunciation of Mary
2. The Visitation
3. The Nativity
4. The Presentation in the Temple
5. Christ Among the Doctors
6. The Agony in the Garden of Gethsemane
7. The Flagellation of Christ
8. The Crowning with Thorns
9. The Road to Calvary
10. The Crucifixion
11. The Resurrection of Christ
12. The Ascension of Christ
13. The Descent of the Holy Spirit
14. The Assumption of Mary
15. The Coronation of the Virgin

Cappella della *Resurrezione* (n. 11), particolare
Chapel of *The Resurrection of Christ* (no. 11), detail

Con le sue quindici tappe, dedicate ai misteri del Rosario, il Sacro Monte si eleva sul Monte Velate, nelle Prealpi lombarde, alle spalle di Varese, in un luogo di antica sacralità che la tradizione lega alla presenza di sant'Ambrogio, vescovo di Milano. Il santo, sconfitti gli ariani, vi avrebbe costruito sul finire del IV secolo una cappella con un altare.

I primi resti archeologici rivelano l'esistenza di un primo edificio di culto risalente al V-VI secolo a cui si sovrapposero interventi alto-medievali (IX-X secolo) e romanici (XII secolo) sino al radicale rinnovamento voluto da Galeazzo Maria Sforza (1472-1476), duca di Milano, che ne fece il più importante santuario mariano del Ducato. Contribuì al successo del luogo la presenza, nel tardo Quattrocento, di Caterina Morigi da Pallanza e Giuliana Puricelli da Verghera, fondatrici delle Romite Ambrosiane, che scelsero il luogo per l'eremitaggio e la preghiera, edificandovi poi un monastero, collegato al santuario.

Come a Varallo, si deve a un frate francescano, Giovanni Battista Aguggiari da Monza, cappuccino, chiamato dalle suore per predicare, l'idea di scandire con tappe di preghiera e raccoglimento il percorso che i fedeli, numerosissimi, in modo caotico e disordinato compivano a piedi per raggiungere la chiesa di Santa Maria, in cima al Monte. Il progetto, arricchito con la proposta della badessa del monastero, Tecla Maria Cid, sorella di un importante personaggio della corte spagnola, che voleva le scene illustrate

The Sacro Monte, with its fifteen stages dedicated to the Mysteries of the Rosary, rises on Monte Velate in the Lombard Prealps behind Varese, in a place of ancient sacredness which the tradition connects to the presence of Saint Ambrose, Bishop of Milan. Once the Aryans were defeated, the Saint built a chapel with an altar in the late 4th century.

The first archaeological remains reveal the existence of a church building dating back to the 5th-6th centuries, which are overlapped by interventions from the early Middle Ages (9th–10th centuries) and Romanesque (12th century) periods up until the profound renovation wanted by Galeazzo Maria Sforza, Duke of Milan (1472–1476). This intervention made it the most important Marian sanctuary of the duchy. Contributing to the success was also the presence, in the late 15th century, of Caterina Morigi of Pallanza and Giuliana Puricelli of Verghera, founders of the *Romite Ambrosiane*. They chose this site for hermitage and prayer and later built a monastery connecting it to the sanctuary.

As in Varallo, a Franciscan friar, in this case Giovanni Battista Aguggiari from Monza, a Capuchin who was called by the nuns to preach, came up with the idea of preparing the many faithful who chaotically and disorderly made their way up to the church of Santa Maria, at the top of the mountain. He decided to mark the path with stops for prayer and reflection. The project began construction in 1605, enriched by

alle pagine precedenti / on the previous pages
La salita al Sacro Monte con le cappelle della *Natività* (n. 3) e della *Disputa fra i dottori* (n. 5) / Climb to Sacro Monte with the Chapel of *The Nativity* (no. 3) and the Chapel of *Christ Among the Doctors* (no. 5)

Cappella della *Presentazione al tempio* (n. 4) / Chapel of *The Presentation in the Temple* (no. 4)

da gruppi scultorei, fu realizzato a partire dal 1605. Come già a Varallo, Crea e Orta, in corrispondenza del luogo ove sarebbe stata eretta ogni cappella, venne posta una croce con una cassetta per le elemosine e l'indicazione del mistero da raffigurare.

Il nuovo itinerario del Rosario, progettato dall'architetto e agrimensore varesino Giuseppe Bernasconi, si apre con la chiesa di Maria Immacolata, la prima edificata, fulcro tematico e luogo deputato a consentire le celebrazioni religiose, e si chiude nel santuario ove funge da quindicesima cappella l'altare dell'*Incoronazione della Vergine*. La Via sacra, lunga circa due chilometri, è un ampio viale acciottolato delimitato da bassi muretti in sasso che guidano la vista del pellegrino verso le tappe successive e gli consentono di sedere e riposarsi lungo la salita. Bernasconi disegnò anche le cappelle, i tre archi di ingresso, ispirati agli archi trionfali e alle scenografie effimere che accompagnavano a quei tempi importanti eventi politici e feste religiose, e le tre fontane, adottando imponenti e scenografiche soluzioni aggiornate alla cultura architettonica lombarda di epoca borromaica, inserite in uno studiato rapporto con l'ambiente naturale circostante. Il percorso è articolato nei tre grandi gruppi dei misteri composti ciascuno da cinque tappe e preceduti da un arco monumentale.

Il progetto ebbe il pieno appoggio del cardinale Federico Borromeo, vescovo di Milano (1595-1631), che fornì anche precise istruzioni su come attenersi, nella decorazione delle scene, ai criteri stabiliti dal Concilio di Trento per l'uso corretto delle immagini sacre. Nel 1623 erano già state erette quasi tutte le cappelle, in ampia parte già decorate. Tra la fine del XVII e l'inizio del XVIII secolo vennero concluse le ultime.

Negli anni ottanta del Novecento monsignor Pasquale Macchi, arciprete di Santa Maria del Monte,

a suggestion made by the abbess of the monastery, Tecla Maria Cid, who was the sister of an important member of the Spanish court. She wanted the scenes to be illustrated by sculptural groups. As in Varallo, Crea and Orta, each spot where a chapel was to have been built, a cross was placed with a box for alms and the indication of the mystery to be depicted.

The new trail of the Rosary, designed by the architect and land surveyor from Varese Giuseppe Bernasconi, starts at the Church of Maria Immacolata, the first built and the thematic fulcrum and place dedicated for religious celebrations, and ends in the sanctuary where the altar dedicated to *The Coronation of the Virgin* serves as the fifteenth chapel. The *Via Sacra* (Sacred Way), about two kilometers long, is a wide cobbled-stoned path bordered by low stone walls which guide the pilgrims' view towards the next stop and offer them a place to sit and rest along the climb. Bernasconi also designed the chapels, the three arches at the entrance, inspired by the triumphal arches, and ephemeral scenes which accompanied important political events and religious celebrations in those times, and the three fountains. He borrowed impressive and innovative solutions from the Lombard architectural culture of the Borromean era, inserted in a studied relationship with the surrounding natural environment. The route has been divided into three large groups of mysteries, each including five stops and preceded by a monumental arch.

The project had the full support of Cardinal Federico Borromeo, Bishop of Milan (1595–1631); he gave detailed instructions on how to carry it out and on how to decorate the scenes based on the criteria established by the Council of Trent for the correct use of sacred images. In 1623, almost all the chapels had been built and in a large part already decorated.

Cappella dell'*Annunciazione* (n. 1), particolare
Chapel of *The Annunciation of Mary* (no. 1), detail

a pagina 86 / on page 86
Cappella dell'*Assunzione* (n. 14), particolare
Chapel of *The Assumption of Mary* (no. 14), detail

a pagina 87 / on page 87
Cappella della *Natività* (n. 3), particolare
Chapel of *The Nativity* (no. 3), detail

già segretario di papa Paolo VI, ha commissionato a Renato Guttuso il dipinto con la *Fuga in Egitto* che decora l'esterno della cappella della *Natività* (n. 3), realizzato nel 1983.

I primi plasticatori coinvolti nell'allestimento delle cappelle del Sacro Monte furono i ticinesi Martino Retti e Francesco Silva, impegnato con continuità nel cantiere varesotto insieme con la sua bottega sino al quinto decennio del Seicento. Non mancarono, però, anche artisti attivi in altri Sacri Monti: le statue dell'*Annunciazione* (n. 1) furono infatti plasmate da Cristoforo Prestinari (1610), artefice di gruppi in terracotta delle prime cappelle del monte ortese, e regalate alla fabbrica dalla Comunità di Orta; i dipinti della *Flagellazione* (n. 7) si devono a Pier Francesco Mazzucchelli, detto il Morazzone (1608-1609), uno dei protagonisti del primo Seicento lombardo, impegnato anche al Sacro Monte di Varallo e poi in quello ortese. Nel pieno Seicento operò nel cantiere varesotto, per le cappelle della *Natività* (n. 3) e della *Disputa fra i dottori* (n. 5), Carlo Francesco Nuvolone, artista lombardo aggiornato al nuovo gusto barocco e anche alle novità coloristiche della pittura genovese dopo il passaggio di Van Dyck, con le sue caratteristiche figure piene e gonfie. Anch'egli era attivo anche a Orta come lo statuario Dionigi Bussola (cappella della *Crocifissione*, n. 10) che diviene quasi uno specialista di Sacri Monti coniugando in scene teatrali, enfatiche e concitate il naturalismo lombardo con l'aggiornamento al nuovo gusto barocco romano.

Between the end of the 17th and the beginning of the 18th centuries, the last ones were completed.
During the 1980s, Monsignor Pasquale Macchi, archpriest of Santa Maria del Monte and former secretary of Pope Paul VI, commissioned Renato Guttuso to paint the *Flight to Egypt* covering the outside wall of the Chapel of *The Nativity* (no. 3), built in 1983.
The first sculptors involved in the creation of the chapel interiors of Sacro Monte were Martino Retti and Francesco Silva from Ticino, who worked continuously on the worksite in Varese with his *bottega* until the 5th decade of the 17th century. However, there were also several artists actively working on other Sacro Monte sites: the statues of the *Annunciation* Chapel (no. 1) were in fact carried out by Cristoforo Prestinari (1610), creator of the terracotta groups in the first chapels of Sacro Monte in Orta, and given to the structure by the Community of Orta; the paintings of the Chapel of *The Flagellation* (no. 7) were done by Pier Francesco Mazzucchelli, called the Morazzone (1608-1609), one of the leading players of the early 17th century Lombardy, also involved in the Sacro Monte di Varallo and later in Orta. In the middle of the 17th century. Carlo Nuvolone worked on the Varese worksite for the Chapel of *The Nativity* (no. 3) and the Chapel of *The Dispute Among the Doctors* (no. 5). He was a Lombard artist, well-informed about the new Baroque taste and also about the new colors of the Genoese painting after the passages by Van Dyck, with his characteristic rounded figures. In addition, he was active in Orta along with the statuary Dionigi Bussola (Chapel of *The Crucifixion*, no. 10). Bussola became a sort of Sacro Monte specialist, combining theatrical, emphatic and feverish scenes with the naturalism of Lombardy and the new taste of Roman Baroque.

Cappella dell'*Incoronazione di spine* (n. 8)
Chapel of *The Crowning with Thorns* (no. 8)

Cappella della *Crocifissione* (n. 10), particolari
Chapel of *The Crucifixion* (no. 10), details

alle pagine 90-91 / on pages 90-91
Interno del santuario di Santa Maria del Monte
Inside the Sanctuary of Santa Maria del Monte

alle pagine 92-93 / on pages 92-93
Cappella della *Crocifissione* (n. 10), particolare
Chapel of *The Crucifixion* (no. 10), detail

89

Sacro Monte della Beata Vergine di Oropa

Basilica Antica / Ancient basilica

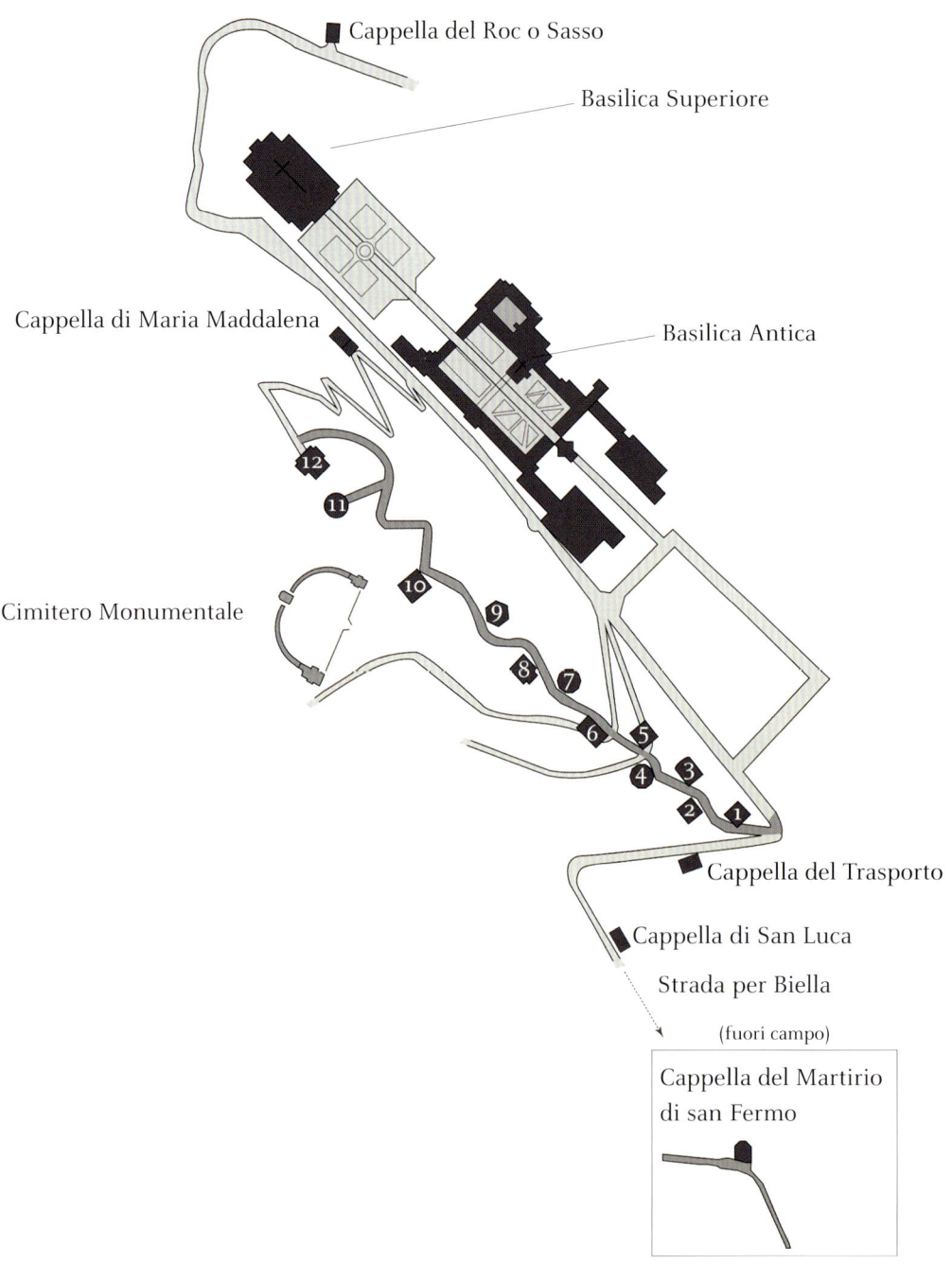

Le cappelle

1. Immacolata Concezione
2. Natività di Maria
3. Presentazione di Maria al tempio
4. Dimora di Maria al tempio
5. Sposalizio di Maria
6. Annunciazione
7. Visitazione
8. Natività di Cristo
9. Purificazione di Maria
10. Nozze di Cana
11. Assunzione
12. Incoronazione della Vergine o Paradiso

The chapels

1. The Immaculate Conception
2. The Nativity of Mary
3. The Presentation of Mary in the Temple
4. The Life of Mary in the Temple
5. The Wedding of Mary
6. The Annunciation of Mary
7. The Visitation
8. The Nativity of Christ
9. The Purification of Mary
10. The Wedding at Cana
11. The Assumption of Mary
12. The Coronation of the Virgin or Paradise

Cappella dello *Sposalizio di Maria* (n. 5), particolare
Chapel of *The Wedding of Mary* (no. 5), detail

Il Sacro Monte di Oropa si eleva a 1200 metri di altezza nella vallata ai piedi del Monte Mucrone, circondato da un anfiteatro naturale di grande suggestione. Il percorso delle dodici cappelle, dedicate alla vita della Vergine, è articolato a zig-zag a ovest del santuario, su di un ripido pendio erboso ancor oggi utilizzato come pascolo.
Un primo sacello eremitico dedicato alla Vergine esisteva *in loco* da tempi remoti (forse VIII-IX secolo) per l'assistenza dei pastori e dei numerosi viandanti che transitavano lungo questo importante nodo viario tra la Pianura Padana e la Val d'Aosta. A esso venne accostata, alla fine del XIII secolo, una nuova chiesa, consacrata da Aimone di Challant, vescovo di Vercelli, a cui si deve anche il dono dell'antica statua della Madonna Nera, opera di notevole qualità di uno scultore aostano di fine Duecento.
Le offerte della città di Biella dopo la peste del 1599 e i contributi dei paesi biellesi servirono a costruire una nuova grande chiesa – che per volontà del vescovo di Vercelli Giovanni Stefano Ferrero conservò all'interno, sotto la cupola, l'antico sacello –, quasi ultimata quando, nel 1620, ebbe solennemente luogo la Prima Incoronazione della Vergine.
Il grande successo della cerimonia, che avrebbe attirato cinquantamila devoti, rafforzò i legami con la dinastia sabauda il cui sostegno, con l'attività degli architetti di corte, segnò lo sviluppo del complesso tra Sei e Settecento, trasformato in "un fastoso impianto residenziale extraurbano" simile alle ville regie. La

The Sacro Monte of Oropa rises at 1200 meters high in the valley at the foot of Monte Mucrone, surrounded by a natural amphitheater of great beauty. The route of the twelve chapels, dedicated to the life of the Virgin, is structured in a zig-zag fashion to the west of the sanctuary on a steep grassy slope which is still today used as for grazing.
A first eremitic chapel dedicated to the Virgin existed at Oropa perhaps from the 8th–9th centuries and acted as an aid for the shepherds and numerous travelers, who passed through this junction connecting the Po and Aosta valleys. A new church was added to this at the end of the 13th century. Aimone di Challant, Bishop of Vercelli, consecrated this site and to him gratitude must be given for his gift of the ancient statue of the Black Madonna, a remarkable piece made by a sculptor from the Aosta territory of the late 13th century.
The offerings by the city of Biella after the plague of 1599 and the contributions of the neighboring areas served to build a new large church, which by the desire of the Bishop of Vercelli, Giovanni Stefano Ferrero, kept under the dome the ancient chapel. The new church was almost completed, in 1620, when the First Coronation of the Virgin was solemnly celebrated.
The great success of the First Coronation, said to have attracted fifty thousand worshippers, strengthened the ties with the Savoy dynasty whose sponsorship, by means of the activity of the court architects, marked the growth of the complex between the 17th and 18th centuries. It was transformed into "a luxurious out-of-town residential structure" similar to the royal palaces. The Second Coronation (1720)

alla pagina a fianco / on the opposite page
Vedute del santuario della Beata Vergine di Oropa
Views of the Sanctuary of the Beata Vergine di Oropa

alle pagine 100-101 / on pages 100-101
Veduta del Sacro Monte / View of Sacro Monte

a pagina 102 / on page 102
Cappella della *Immacolata Concezione* (n. 1), particolare
Chapel of *The Immaculate Conception* (no. 1), detail

a pagina 103 / on page 103
Cappella della *Natività di Maria* (n. 2), particolare
Chapel of *The Nativity of Mary* (no. 2), detail

a pagina 104 / on page 104
Cappella dell'*Incoronazione della Vergine* o del *Paradiso* (n. 12)
Chapel of *The Coronation of the Virgin* or *Paradise* (no. 12)

a pagina 105 / on page 105
Cappella dello *Sposalizio di Maria* (n. 5)
Chapel of *The Wedding of Mary* (no. 5)

Seconda Incoronazione (1720) vide impegnato per gli apparati scenografici l'architetto di corte Filippo Juvarra, che poco più tardi ultimò la Porta Regia (1725), nuovo scenografico accesso al santuario.

Ai tempi della Prima Incoronazione si lega, per iniziativa del frate cappuccino Fedele da San Germano, il progetto di un Sacro Monte per illustrare in venticinque cappelle la storia della vita della Vergine. Si pensava a un percorso narrativo complementare e preparatorio all'adorazione della Madonna di Oropa, con statue colorate a grandezza naturale, in linea con il fortunato modello del Sacro Monte di Varallo, di cui non a caso si vollero reclutare gli stessi scultori. Il progetto fu sostenuto dalle comunità rionali di Biella e dintorni, da alcune famiglie notabili e dai volontari che vi lavoravano nei giorni festivi.

Una prima fase, fino a metà Seicento, vide la costruzione di diverse cappelle, su progetto attribuito a Francesco Conti, a cui si deve la facciata della nuova chiesa seicentesca, popolate di statue dai plasticatori d'Enrico, protagonisti nei primi decenni del XVII secolo al Sacro Monte di Varallo e impegnati anche a Orta.

Altre stazioni vennero intraprese nel secondo Seicento, sotto la guida dell'ingegnere Gian Andrea Garabello. Per i gruppi statuari furono attivi il biellese Bartolomeo Termine, i comaschi Gerolamo Aliprandi, Giovanni Battista Barberini, Francesco Sala e Agostino Silva, figlio di Francesco, attivo al Sacro Monte di Varese.

La terza fase, di primo Settecento, coinvolse i fratelli e plasticatori biellesi Carlo Francesco e Pietro Giuseppe Auregio e per i dipinti murali il decoratore e pittore rococò Giovanni Galliari, impegnato anche per il palazzo reale di Torino.

Del complesso fanno parte anche altre cappelle dedicate ai santi e alla tradizione del santuario (San Fermo, San Luca e Trasporto, Maddalena e Roc).

involved the court architect, Filippo Juvarra, for the scenery arrangements, who shortly after completed the Porta Regia (1725), the new spectacular access to the sanctuary.

At the time of the First Coronation, the Capuchin friar Fedele da San Germano, proposed the construction of a Sacro Monte with twenty-five chapels to illustrate the story of the life of the Virgin. Considered was a complementary narrative and preparatory route for the worship of the Madonna of Oropa, with colorful life-size statues in line with the successful model of the Sacro Monte in Varallo, whose original sculptors were wanted for this project. The project was funded by local communities in Biella, by some notable families and by the volunteers who worked during public holidays. A first phase, until the middle of the 17th century, saw the construction of some chapels, upon a project attributed to the architect Francesco Conti, who was responsible for the facade of the new 17th-century church, full of statues by Enrico's sculptors, key players in the first decades of the 17th century involved in the Sacro Monte of Varallo and also that of Orta.

Other stations were begun in the second half of the 17th century, under the guidance of engineer Gian Andrea Garabello. Involved in the groups of statues were Bartolomeo Termine, from Biella, and, from Como, Gerolamo Aliprandi, Giovanni Battista Barberini, Francesco Sala and Agostino Silva, son of Francesco who was already active at the Sacro Monte site in Varese.

The third phase, in the early 18th century, included the brothers and sculptors, Carlo Francesco and Pietro Giuseppe Auregio from Biella, and for the wall paintings Late Baroque decorator and painter Giovanni Galliari, also actively working at the Palazzo Reale in Turin.

The complex also includes other chapels dedicated to the saints and to the traditions of the sanctuary (Saint Firmus, Saint Luke and the *cappella del Trasporto*, Saint Maddalena and the *cappella del Roc*).

alla pagina a fianco / on the opposite page
Cappella della *Natività di Cristo* (n. 8), particolare
Chapel of *The Nativity of Christ* (no. 8), detail

Cappella della *Presentazione di Maria al tempio* (n. 3), particolare
Chapel of *The Presentation of Mary in the Temple* (no. 3), detail

Sacro Monte della Beata Vergine del Soccorso di Ossuccio

Vista del lago di Como dal Sacro Monte
View of Lake Como from Sacro Monte

Le cappelle

1. Annunciazione
2. Visitazione
3. Natività
4. Presentazione al tempio
5. Disputa fra i dottori
6. Orazione nell'orto
7. Flagellazione
8. Incoronazione di spine
9. Salita al Calvario
10. Crocifissione
11. Resurrezione
12. Ascensione
13. Discesa dello Spirito Santo
14. Assunzione
15. Incoronazione della Vergine

The chapels

1. The Annunciation of Mary
2. The Visitation
3. The Nativity
4. The Presentation in the Temple
5. Christ Among the Doctors
6. The Agony in the Garden of Gethsemane
7. The Flagellation of Christ
8. The Crowning with Thorns
9. The Road to Calvary
10. The Crucifixion
11. The Resurrection of Christ
12. The Ascension of Christ
13. The Descent of the Holy Spirit
14. The Assumption of Mary
15. The Coronation of the Virgin

Cappella della *Flagellazione* (n. 7), particolare
Chapel of *The Flagellation of Christ* (no. 7), detail

Di fronte all'Isola Comacina, affacciato sul lago di Como, in un ambiente naturale che vede alternarsi prati con ulivi, cascine e boschi, in un antichissimo luogo di culto le cui radici risalgono al tempio della dea Cerere Eleusina ricordato da Plinio il Giovane nel I secolo d.C., sorge il Sacro Monte di Ossuccio con le sue quattordici cappelle dedicate al Rosario.
La leggenda narra che una pastorella sordomuta, rinvenuta in una grotta una statua della Madonna, riacquistasse miracolosamente la parola. L'immagine, trasferita più volte nella collegiata di Isola, misteriosamente ritornava sul monte così da indurre i fedeli a dedicarle una nuova chiesa *in loco*.
L'edificio è descritto per la prima volta dal vescovo della diocesi nel 1593, costruito intorno a un'edicola dipinta con l'immagine della Madonna con il Bambino e sant'Eufemia che si venerava "per alcuni miracoli de sanamenti d'infermi". Sull'altar maggiore, posto in una cappella terminale decorata con la Vergine assunta circondata dagli apostoli, era conservata la statua trecentesca in marmo, dipinta e dorata, che si supponeva ritrovata dalla giovinetta sordomuta, che era visibile ai pellegrini anche dall'esterno attraverso aperture nelle pareti. La custodia del luogo doveva essere garantita dalla presenza sul colle di eremiti francescani.
Il vescovo Lazzaro Carafino nel 1644, negli ordini conseguenti alla visita pastorale del 1627, ricorda per la prima volta l'intenzione di costruire in

Facing the Comacina Island, overlooking the lake of Como, in a natural environment alternating meadows with olive trees, farms and woods, in an ancient site of worship whose roots date back to the temple of the goddess Ceres Eleusina mentioned by Pliny the Younger in the 1st century AD, stands the Sacro Monte of Ossuccio with its fourteen chapels dedicated to the Rosary.
Legend has it that a deaf and mute shepherdess, after having found a statue of the Madonna in a cave, miraculously regained her ability to speak. The image, transferred several times in the Collegiata church of Isola, mysteriously returned to the mountain, which brought the faithful to build a new church on the site.
In 1591, the building was described for the first time by the bishop of the diocese and was built around a shrine painted with the image of the *Madonna with Child and Saint Euphemia* who was revered for miracles connected with the healing of the sick. On the main altar, which was found in an end chapel adorned with the Assumption of the Virgin surrounded by the apostles, was preserved the 14th-century painted and gilded marble statue. Said to have been found by the deaf and mute young woman, the statue was visible to the pilgrims even from the outside thanks to openings in the walls. The custody of the site was to be guaranteed by the presence on the hill of Franciscan hermits.
Bishop Lazzaro Carafino in 1644, in the orders following his pastoral visit in 1627, mentioned for the first

alle pagine precedenti / on the previous pages
Scorcio del Sacro Monte e del lago di Como
View of Sacro Monte and Lake Como

alla pagina a fianco / on the opposite page
"Via delle cappelle"

"Via delle cappelle" con la cappella dell'*Assunzione* (n. 14)
"Via delle cappelle" with the Chapel of *The Assumption of Mary* (no. 14)

a pagina 116 / on page 116
Cappella dell'*Ascensione* (n. 12), particolare
Chapel of *The Ascension of Christ* (no. 12), detail

a pagina 117 / on page 117
Cappella della *Disputa fra i dottori* (n. 5)
Chapel of *Christ Among the Doctors* (no. 5)

prossimità del santuario una serie di cappelle dedicate ai misteri del Rosario. I francescani custodi dovettero giocare un ruolo di spicco con raccolte di fondi sia *in loco* che oltralpe, coinvolgendo notabili e comunità locali, ma anche partecipando direttamente alla conduzione dei lavori. Lo prova il ritratto di fra' Timoteo Snider (1678), "custode" e poi "sindaco e fabbriciere", conservato all'interno del santuario ove si fermò per circa quarant'anni, che lo mostra mentre regge con una mano il compasso e con l'altra il modellino di una cappella, svelando il suo ruolo di progettista, oltre che di coordinatore dell'impresa che risultava ultimata nel 1710. Modello di riferimento quasi obbligato fu il Sacro Monte di Varese: analoga la pavimentazione del percorso, acciottolata con cordoli, e la disposizione delle quattordici cappelle; le architetture sono però più semplici, corredate all'interno da statue di plasticatori della medesima famiglia Silva da Morbio Inferiore.

time the intention to build near the sanctuary a series of chapels dedicated to the mysteries of the Rosary. The Franciscan keepers had to play a prominent role in raising funds both on site as well as from across the Alps. They involved notables and local communities, in addition to participating directly in execution of the works. Proof of this is the portrait of Father Timoteo Snider (1678), "custodian" and then "mayor and *fabbriciere*," kept inside the sanctuary where he stayed for about forty years. This image shows him holding a compass in one hand and the model of a chapel in the other, an example of his role as a planner as well as coordinator of the undertaking which was completed in 1710. A reference model, almost an obligation for the new religious complex, was the Sacro Monte of Varese; similar path paving, cobbled with curbs, as well as the layout of the fourteen chapels. The architecture, on the other hand, is simpler and accompanied within by statues made by sculptors of the same Silva da Morbio family.

a pagina 118, sopra / on page 118, top
Cappella della *Disputa fra i dottori* (n. 5), particolare
Chapel of *Christ Among the Doctors* (no. 5), detail

a pagina 118, sotto / on page 118, bottom
Cappella dell'*Incoronazione di spine* (n. 8), particolare
Chapel of *The Crowning with Thorns* (no. 8), detail

a pagina 119 / on page 119
Cappella dell'*Orazione nell'orto* (n. 6), particolare / Chapel
of *The Agony in the Garden of Gethsemane* (no. 6), detail

Cappella della *Discesa dello Spirito Santo* (n. 13)
Chapel of *The Descent of the Holy Spirit* (no. 13)

Cappella della *Crocifissione* (n. 10)
Chapel of *The Crucifixion* (no. 10)

Sacro Monte della Santissima Trinità
di Ghiffa

Chiesa della Santissima Trinità vista dal portico della cappella dell'*Incoronata* (n. 1) / Church of the Santissima Trinità as seen from the portico of the Chapel of *The Coronation of the Virgin* (no. 1)

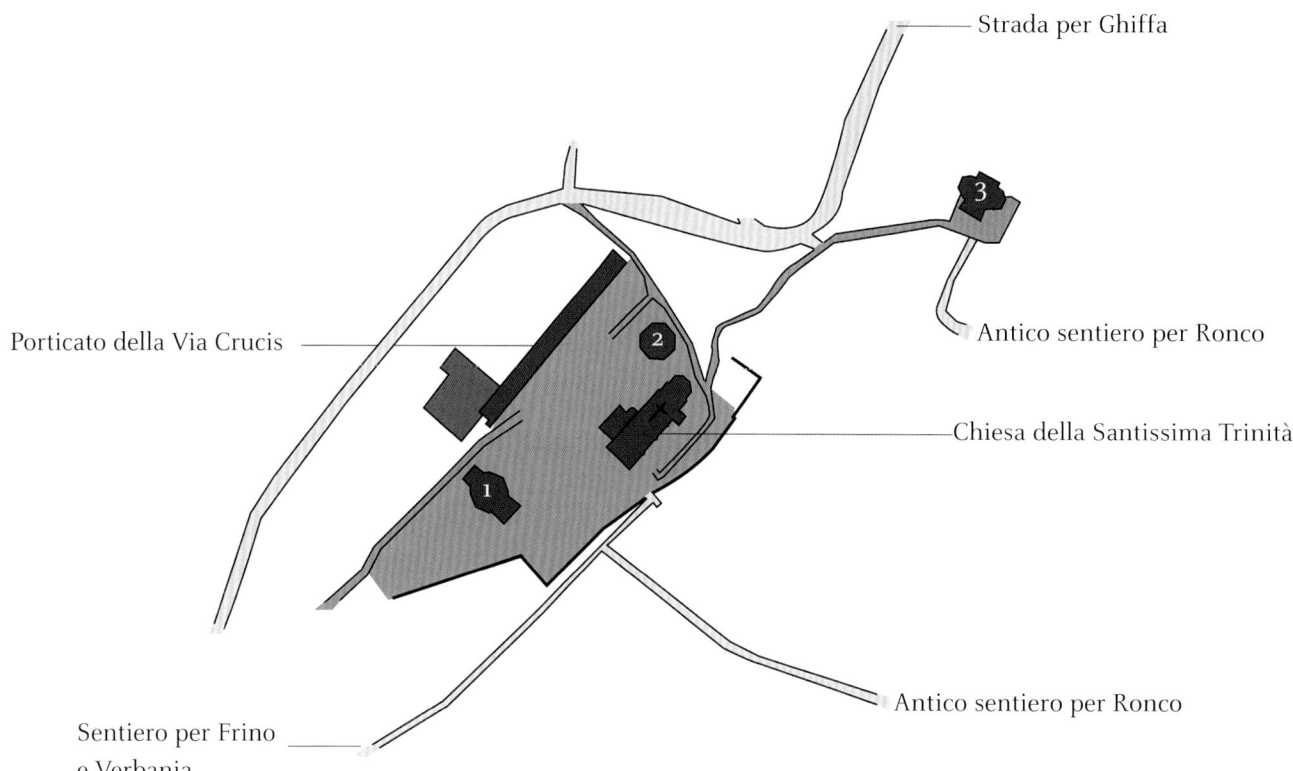

Strada per Ghiffa
Porticato della Via Crucis
Antico sentiero per Ronco
Chiesa della Santissima Trinità
Antico sentiero per Ronco
Sentiero per Frino e Verbania

Le cappelle

1 L'Incoronata
2 San Giovanni Battista
3 Abramo

The chapels

1 The Coronation of the Virgin
2 St. John the Baptist
3 Abraham

Cappella di *Abramo* (n. 3), particolare
Chapel of *Abraham* (no. 3), detail

Il Sacro Monte di Ghiffa, con tre cappelle, la chiesa della Trinità e il portico della *Via Crucis*, gode di una posizione panoramica di grande suggestione con vista privilegiata sulla porzione di Lago Maggiore compresa tra Verbania e Oggebbio e la sponda lombarda. Intorno il paesaggio lascia intravedere tracce degli antichi terrazzamenti, mentre i boschi di castagno testimoniano dell'antica economia locale.
Qui sorgeva, dal Medioevo, un piccolo vano absidato a cui fu successivamente aggiunto un ambiente quadrangolare. Nel XVI secolo vi è documentata anche la presenza di due altari, uno nell'abside terminale e uno nella cappella a sinistra dell'ingresso, dedicato alla Santissima Trinità. Lo storico milanese Paolo Morigia nel 1603 raccontava che "da ogni parte accorrono le genti al miracoloso monte" richiamate dal culto della Trinità. Tra il 1590 e il 1617 la struttura, meta di frequenti pellegrinaggi, ormai insufficiente, fu trasformata in un'ampia chiesa a navata unica con la cappella della *Trinità* a sinistra, nella posizione attuale. Nel 1629 la chiesa era corredata da un campanile.
Da metà Seicento intorno a questo fortunato luogo di devozione furono aggiunte altre strutture e cappelle senza un apparente legame tematico. Nel 1647 fu conclusa la cappella dell'*Incoronata* (n. 1), finanziata da Pietro Angelo Canetta, come si legge nel cartiglio sopra il portico, e nel 1659 risultava esistente anche la cappella di *San Giovanni Battista* (n. 2) a cui si aggiunse nel primo Settecento quella di *Abramo* (n. 3).

The Sacred Mount of Ghiffa, with its three chapels, the church of the Holy Trinity and the portico of the *Via Crucis*, offers a striking panoramic view and overlooks a portion of Lake Maggiore between Verbania and Oggebbio and the Lombard side. Surrounding the area, it is possible to see traces of the ancient terracing while the numerous chestnut trees act as a testimony of the long-ago local economy.
Here, since the Middle Ages, have stood a small apsidal room and a quadrangular room which was added later on. In the 16th century, documents also mentioned the presence of two altars, one in the end apse and the other in the chapel at the left of the entrance, dedicated to the Holy Trinity. The Milanese historian Paolo Morigia in 1603 said that "people, from all over, flock to the miraculous mountain" which are called by the cult of the Holy Trinity. Between 1590 and 1617, after having gained popularity as a destination for pilgrimages, the structure had now become inadequate. It was transformed into a large church with a single nave with the Holy Trinity chapel on the left, where it is still positioned today. In 1629, the Church was enclosed by the bell tower. From the mid-17th century, other structures and chapels were added to this fortunate place of devotion without an apparent thematic connection. In 1647, the Chapel of *The Coronation of the Virgin* (no. 1), financed by Pietro Angelo Canetta, was completed, as is written above the portico. The Chapel of *St. John*

alle pagine precedenti / on the previous pages
Portico della *Via Crucis*
Portico of the *Via Crucis*

Scorcio del Lago Maggiore visto dal portico della cappella dell'*Incoronata* (n. 1) / View of Lake Maggiore from the portico of the Chapel of *The Coronation of the Virgin* (no. 1)

Cappella di *San Giovanni Battista* (n. 2) vista dal portico della *Via Crucis* / Chapel of *St. John the Baptist* (no. 2) as seen from the portico of the *Via Crucis*

Nel 1752 al santuario risultava essere stato aggiunto in facciata un portico su colonne e pilastri e due stanze superiori destinate ad abitazione del Romito, che svolgeva funzioni di custode. A quell'epoca il luogo ospitava anche una "casa del Pellegrino" per accogliere i devoti, poi trasformata in osteria e di seguito in ristorante, con accanto il portico della *Via Crucis* e la contigua cappelletta dell'Addolorata (1761).

Sino a metà Ottocento la vita del Monte era animata da feste e fiere, e nella domenica dedicata alla Santissima Trinità vi si svolgevano funzioni liturgiche che garantivano l'indulgenza plenaria.

the Baptist (no. 2), in 1659, was also present and to which was added the Chapel of *Abraham* (no. 3) in the early 18th century.

In 1752, the façade of the sanctuary was preceded by a portico on columns and pillars, with two upper rooms destined to house the Romite who acted as guardians. At that time, the site also included a *Casa del Pellegrino* to accommodate the numerous devotees, which later became a tavern and then a restaurant. Adjacent is the portico of the *Via Crucis* and the adjoining small chapel of Our Lady of Sorrows (1761).

Life on the Mount, until the mid-19th century, was full of festivals and fairs on Sundays devoted to the Holy Trinity followed by public worship functions which guaranteed plenary indulgences.

Coro della cappella dell'*Incoronata* (n. 1) / Choir of the Chapel of *The Coronation of the Virgin* (no. 1)

Cappella dell'*Incoronata* (n. 1), i profeti sulle pareti / Chapel of *The Coronation of the Virgin* (no. 1), the prophets on the walls

alle pagine 132-133 / on pages 132-133
Cappella di *Abramo* (n. 3) / Chapel of *Abraham* (no. 3)

in queste pagine / on these pages
Chiesa della Santissima Trinità / Church of the Santissima Trinità

alle pagine seguenti / on the following pages
Cappella di *San Giovanni Battista* (n. 2)
Chapel of *St. John the Baptist* (no. 2)

Chiesa della Santissima Trinità, cappella della *Trinità*
Church of the Santissima Trinità, Chapel of *The Trinity*

Sacro Monte Calvario
di Domodossola

Cappella di *Cristo cade la seconda volta* (n. 7)
Chapel of *Christ falls for the second time* (no. 7)

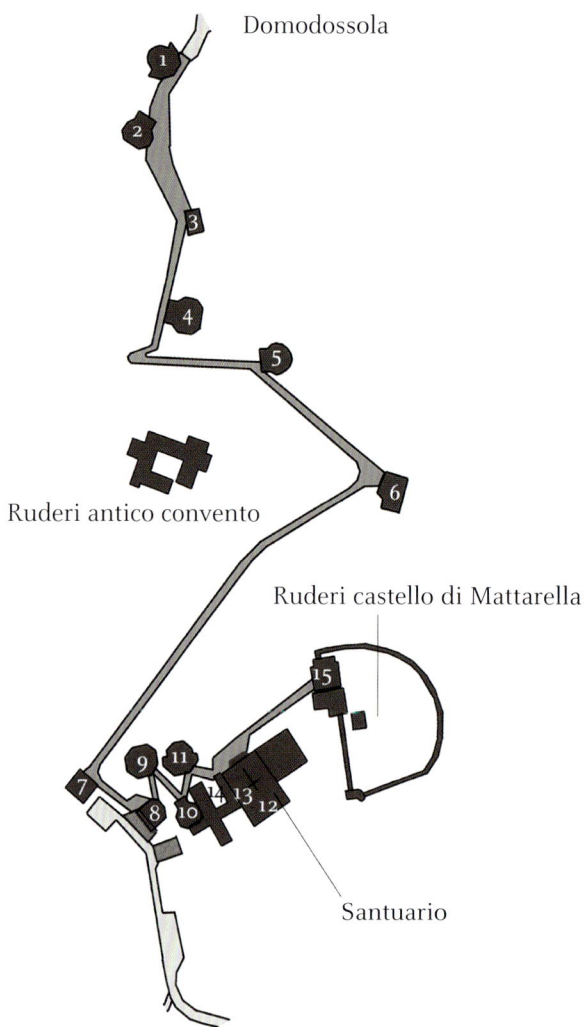

Le cappelle

1. Cristo davanti a Pilato
2. Cristo è caricato della croce
3. Cristo cade la prima volta
4. Incontro con la Madre
5. Il Cireneo
6. La Veronica
7. Cristo cade la seconda volta
8. Cristo incontra le donne di Gerusalemme
9. Cristo cade la terza volta
10. Cristo spogliato e abbeverato di fiele
11. Cristo è crocifisso
12. Cristo spira sulla croce
13. Deposizione dalla croce
14. Sepolcro di Cristo
15. Resurrezione

The chapels

1. Christ before Pilate
2. Christ is ladened with the Cross
3. Christ falls for the first time
4. Jesus meets his Mother
5. Simon of Cyrene
6. Veronica
7. Christ falls for the second time
8. Jesus encounters the women of Jerusalem
9. Christ falls for the third time
10. Christ is stripped and made to drink gall
11. Christ is crucified
12. Christ dies on the Cross
13. The Descent from the Cross
14. The Sepulcher of Christ
15. The Resurrection of Christ

Cappella dell'*Incontro con la Madre* (n. 4), particolare
Chapel of *Jesus meets his mother* (no. 4), detail

L'itinerario sale dall'abitato di Domodossola lungo una mulattiera nel bosco sino alla cima del colle Mattarella, dove sorge la cappella della *Resurrezione di Cristo*, la quindicesima, l'ultima del percorso devozionale dedicato alla *Via Crucis*, da cui si gode la vista della cittadina, della valle del Toce e della catena di monti che la circonda.

Furono due predicatori cappuccini nella Quaresima del 1656 ad animare la comunità di Domodossola all'idea di rappresentare la Passione e Morte di Cristo in immagini a grandezza naturale in un percorso di meditazione, come già a Varallo, Orta, Crea e Oropa. Nel mese di agosto lungo il percorso che dal colle Mattarella scende all'abitato di Domodossola furono piantate quindici croci segnando i siti destinati alla costruzione delle cappelle. All'inizio dell'itinerario sacro, come a Orta e Varese, fu eretto un arco monumentale già presente quando nel 1657 il vescovo di Novara, Giulio Maria Odescalchi, venne a benedire l'impresa battezzando il colle "Sacro Monte Calvario", accompagnato dal giureconsulto Giovanni Matteo Capis, primo fabbriciere (chiamato dal vescovo "sindaco" della Fabbrica) e dal capomastro Tommaso Lazzaro della Val d'Intelvi, protagonisti di questa prima fase.

Il luogo prescelto consentiva di disporre di una buona quantità di materiale costruttivo grazie alle rovine di un antico fortilizio sito sulla sommità del colle, un baluardo per il controllo del territorio, la cui storia è testimoniata da rinvenimenti romani e

The path climbs from the town of Domodossola along a mule track in the woods up to the top of the Mattarella hill, where the Chapel of *The Resurrection of Christ* is located, the fifteenth, the last of the devotional routes dedicated to the *Via Crucis*. At the top, it offers the view of the town, the Toce valley and the surrounding mountains.

There were two Capuchin friar preachers, during the Lent of 1656, to warm the community of Domodossola to the idea of representing the passion and death of Christ through life-size images along a path of meditation, as in Varallo, Orta, Crea and Oropa. In August, along the route from the Mattarella hill to the village of Domodossola, fifteen crosses were planted to mark the sites for the construction of the chapels. At the beginning of the sacred route, as in Orta and Varese, a monumental arch was erected already present when in 1657 the Bishop of Novara, Giulio Maria Odescalchi, came to bless the undertaking and baptized the hill with the name of "*Sacro Monte Calvario*." He was accompanied by the jurisconsult Giovanni Matteo Capis, first "*fabbriciere*" or overseer (called by the bishop the "Mayor" of the Work Site) and by the master builder Tommaso Lazzaro of Val d'Intelvi, key players for this first phase.

The chosen site made it possible to have available a good amount of construction material thanks to the ruins of an ancient fort found at the top of the hill, a bulwark which controlled the territory whose

alle pagine precedenti / on the previous pages
Cappelle di *Cristo cade la terza volta* (n. 9) e di *Cristo è crocifisso* (n. 11) / Chapels of *Christ falls for the third time* (no. 9) and of *Christ is crucified* (no. 11)

Cappella di *Cristo incontra le donne di Gerusalemme* (n. 8)
Chapel of *Christ encounters the women of Jerusalem* (no. 8)

longobardi di materiale edilizio, ceramica e utensili e da una lapide di marmo del 539 d.C., riutilizzata nella cortina del castello medievale. Nel 1014 l'imperatore Enrico di Sassonia lo aveva donato, insieme al governo territoriale di parte dell'Ossola, al vescovo di Novara che ne fece la sede del suo dominio temporale, ma la devastazione degli svizzeri del 1416 lo aveva lasciato abbandonato e in rovina.

Dopo la visita del 1657 il vescovo emanò i decreti per la costruzione e gestione del Sacro Monte, perfettamente coerenti con gli indirizzi dati circa mezzo secolo prima dal presule Carlo Bascapè per i complessi di Varallo e Orta: spettava al vescovo approvare i progetti per la costruzione e la decorazione delle cappelle, in coerenza con lo spirito del Concilio di Trento andavano evitate scene profane e nudità "indecenti al *loco*" che doveva invece suscitare la devozione dei pellegrini, erano necessari artisti di qualità per una raffigurazione efficace e coinvolgente, infine il contesto ambientale doveva fare da corollario al contenuto devozionale. Il vescovo voleva il Monte popolato di alberi con una ordinata "ben disposta e divota opacità" per favorire la preghiera e la meditazione. Con spirito pragmatico concesse quaranta giorni di indulgenza a chi avesse lavorato durante le festività per il progresso della fabbrica. Così in poco più di quindici anni furono costruite sei cappelle. A popolarne l'interno con statue in terracotta, dal 1661, fu Dionigi Bussola con la sua bottega, artista lombardo attivo nei due grandi cantieri di scultura del duomo di Milano e della certosa di Pavia, informato delle novità del Barocco grazie a un lungo soggiorno a Roma, scultore prolifico, capace di plasmare figure mosse e teatrali, aggiornate, ma anche animate da sentimenti di immediata leggibilità. Saranno queste caratteristiche a fare di lui uno

history is manifested by the Roman and Longobard finds of building materials, ceramics and tools and a marble plaque from 539 AD, used again in the curtain of the medieval castle. In 1014, the Emperor Henry of Saxony donated the castle, together with the territorial government of part of Ossola, to the Bishop of Novara who made it the seat of his temporal power. The devastation of the Swiss in 1416 left it abandoned and in ruins.

After the visit of 1657, the Bishop issued a decree for the construction and management of the Sacro Monte, perfectly consistent with the directions given half a century before by the Bishop Carlo Bascapè for the complexes of Varallo and Orta. It was up to the Bishop to approve the construction projects and decor of the chapels. In keeping with the spirit of the Council of Trent to be avoided were scenes profane and of nudity "indecent for the place" which were intended to arouse the devotion of the pilgrims. Quality artists were necessary for an effective and immersive representation, and finally the environmental context had to act as a corollary for the devotional content. The Bishop wanted the Monte to be full of trees with an orderly "well-positioned and devout opacity" to encourage prayer and meditation. With a pragmatic spirit, he granted forty days of indulgence to those who would work during the festivities to carry along the progress of the site. So in little more than fifteen years, six chapels were built. The "population" of the interior with terracotta statues in 1661 was entrusted to Dionigi Bussola with his workshop. He was a Lombard artist active on the two impressive sculpture sites for the Milan Cathedral and the Certosa in Pavia, in addition to being well-informed of the new Baroque influence thanks to a long stay in Rome. Bussola was a prolific sculptor able to shape moving

Cappella *Cristo cade la terza volta* (n. 9), particolare
Chapel of *Christ falls for the third time* (no. 9), detail

Cappella dell'*Incontro con la Madre* (n. 4)
Chapel of *Jesus meets his Mother* (no. 4)

a pagina 148 / on page 148
Cappella di *Cristo è crocifisso* (n. 11), particolari
Chapel of *Christ is crucified* (no. 11), details

a pagina 149 / on page 149
Cappella di *Cristo spira sulla croce* (n. 12)
Chapel of *Christ dies on the Cross* (no. 12)

specialista richiesto in diversi Sacri Monti: Orta, Varallo, Varese e il Varallino di Galliate, nel novarese. Gli successe, come a Varese e Orta, Giuseppe Rusnati, analogamente impegnato nei due grandi cantieri di scultura lombardi e aggiornato al Barocco romano che popolò, nel primo decennio del XVIII secolo, tre cappelle. Il tardo Settecento registrò un breve periodo di rinnovato fervore per il prosieguo del progetto.

Nel 1810, con le confische dei beni ecclesiastici, i frati furono allontanati, il convento seicentesco costruito a metà percorso (oggi in rovina) fu adibito a caserma e la prima cappella fu distrutta da un'esplosione. Si salvò la Casa degli Esercizi, accanto al santuario. Ma grazie al conte ossolano Giacomo Mellerio, già vicegovernatore di Milano, amico e frequentatore della casa di Alessandro Manzoni ove conobbe Antonio Rosmini, il Sacro Monte divenne la culla del nuovo ordine religioso fondato dal sacerdote e filosofo trentino che vi si trasferì nel febbraio del 1828 e nel 1833 ebbe affidato ufficialmente il complesso dal vescovo di Novara. Ripresero allora i lavori: lo stesso Mellerio fece costruire la quinta cappella, del *Cireneo*. Nel primo decennio del XX secolo si aggiunsero la ricostruzione della prima (*Cristo davanti a Pilato*) e la terza (*Cristo cade la prima volta*). Ma fu solo tra il 1940 e il 1957, a tre secoli di distanza dall'avvio del cantiere, che furono allestiti i gruppi scultorei lignei degli ultimi quattro sacelli.

and theatrical figures, modern, but also animated by feelings of immediate readability. These characteristics will make him a specialist requested for various Sacro Monte sites: Orta, Varallo, Varese and the Varallino of Galliate in the territory of Novara.

He was succeeded, like in Varese and Orta, by Giuseppe Rusnati, similarly involved in the two great Lombard sculpture sites and informed of the Roman Baroque, an artist who in the first decade of the 18th century, filled three chapels. The late 18th century saw a brief period of renewed fervor for the rest of the project.

In 1810, with the confiscation of ecclesiastical property, the friars were sent away, the 17th-century convent (now in ruins), built halfway up, was used as barracks and the first chapel was destroyed by an explosion. Saved was the *Casa degli Esercizi* next to the sanctuary. But thanks to the Ossola count Giacomo Mellerio, former vice-governor of Milan, friend and frequenter of the residence of Alessandro Manzoni, where he had met Antonio Rosmini, the Sacro Monte became the cradle of the new religious order founded by the Trentine priest and philosopher. Rosmini moved there in February 1828 and in 1833 he was officially entrusted the complex by the Bishop of Novara. The works were resumed; the same Mellerio built the fifth, the *Simon of Cyrene* chapel. In the first decade of the 20th century, was added the reconstruction of the first (*Christ Before Pilate*) and was builded the third (*Christ falls for the first time*). But it was only between 1940 and 1957, three centuries after the launch of the site, that the wooden sculptural groups of the last four chapels were set.

147

Cappella della *Deposizione dalla croce* (n. 13), veduta d'insieme
e particolare / Chapel of *The Descent from the Cross* (no. 13),
full view and detail

Santuario del Santissimo Crocifisso / Sanctuary of the Santissimo Crocifisso

Sacro Monte
di Belmonte

Santuario della Madonna di Belmonte
Sanctuary of the Madonna di Belmonte

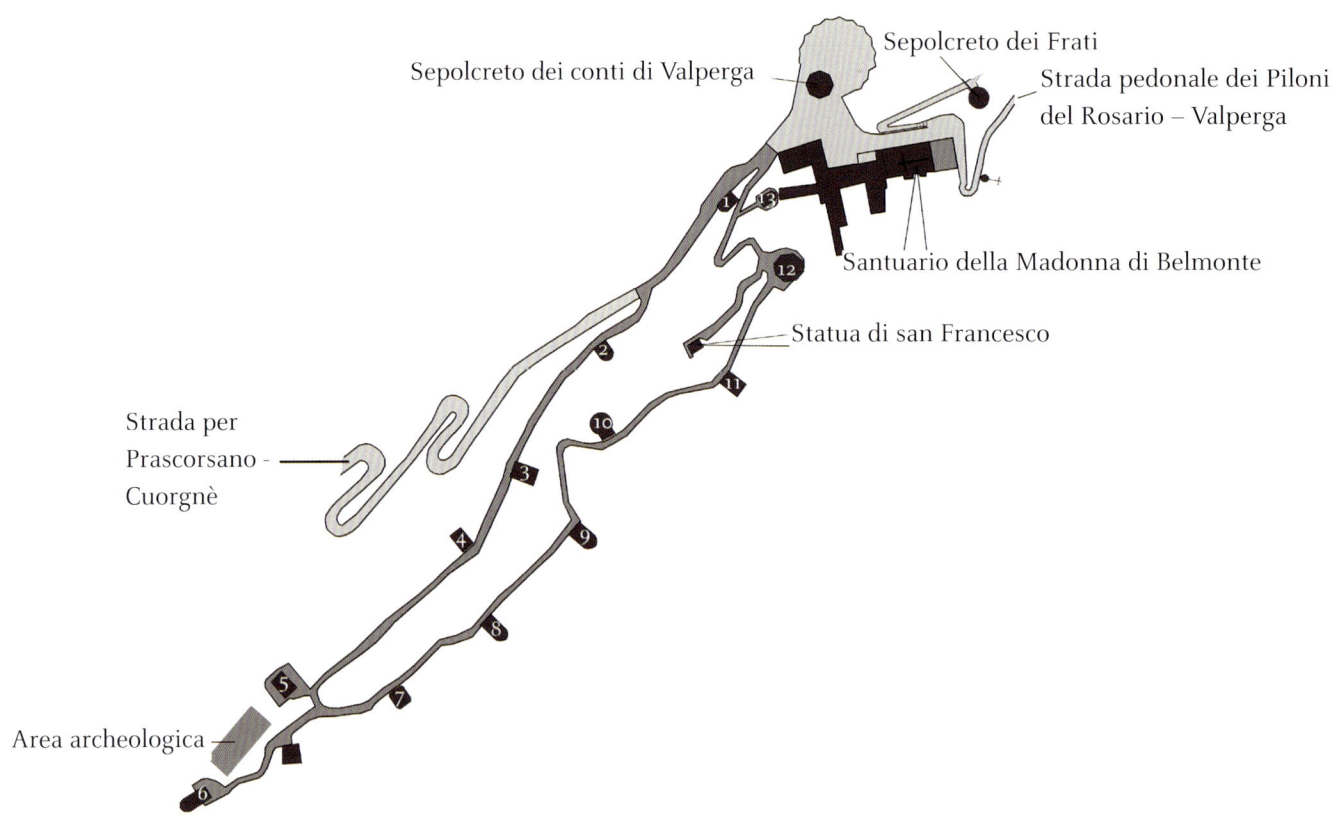

Le cappelle

1. Cristo davanti a Pilato
2. Cristo condannato a morte
3. Prima caduta
4. Incontro con Maria
5. Il Cireneo
6. La Veronica
7. Seconda caduta
8. Le pie donne
9. Terza caduta
10. Gesù spogliato e abbeverato di fiele
11. Crocifissione
12. Morte in croce
13. Deposizione

The chapels

1. Christ before Pilate
2. Christ Condemned to Death
3. The First Fall of Christ
4. Encounter with Mary
5. Simon of Cyrene
6. Veronica
7. The Second Fall of Christ
8. The Pious Women
9. The Third Fall of Christ
10. Christ is stripped and made to drink gall
11. The Crucifixion
12. The Death of Christ on the Cross
13. The Descent from the Cross

Cappella della *Terza caduta* (n. 9), particolare
Chapel of *The Third Fall of Christ* (no. 9), detail

Il santuario di Belmonte si eleva su uno sperone di roccia granitica affacciato sul Canavese, da cui l'occhio spazia, nelle giornate terse, fino alla città di Torino. Le tredici cappelle, che illustrano al loro interno le tappe della *Via Crucis*, si snodano sul colle in un'area densa di testimonianze storiche dalla tarda età del bronzo-prima età del ferro (XII-XI secolo a.C.), al periodo romano, tardo-romano e alla fase longobarda, di cui sono emerse le tracce di un villaggio fortificato fra la quinta e la sesta cappella.

La leggenda narra che ad Arduino, marchese di Ivrea, nominato nel 1002 re d'Italia, mentre era gravemente malato sia apparsa la Madonna che gli ordinava di edificare una chiesa a Belmonte per i monaci benedettini. Svegliatosi guarito, dopo sei giorni avrebbe cominciato la costruzione della chiesa dedicata alla Natività di Maria, poi officiata da Guglielmo abate di Fruttuaria. La storia non coincide *in toto* con la leggenda. I primi documenti che attestano la presenza, in un piccolo edificio, di un gruppo monastico, femminile, dipendente dal convento di San Tommaso di Busano, sotto la giurisdizione dell'abbazia di Fruttuaria di San Benigno Canavese, risalgono al 1114. Due secoli più tardi, nel 1326, il vescovo di Asti, Guido di Valperga, rifondava il monastero femminile preesistente sul colle di Belmonte e rinnovava la chiesa di Santa Maria di Pulcromonte. Solo nel 1601, per i disposti del Concilio di Trento che non volevano presenze monastiche femminili in luoghi isolati, le suore lasciarono

The sanctuary in Belmonte stands on a spur of granite rock overlooking the Canavese where, on a clear day, the eye can see all the way to the city of Turin. The thirteen chapels, which depict the *Via Crucis* or Stations of the Cross, wind along the hill in an area full of historical evidence from the late Bronze Age and the early Iron Age (12th–11th centuries BC) to the Roman and late Roman periods leading to the Lombard age of which there are traces of a fortified village between chapels no. V and no. VI.

Legend has it that Arduino, the Marquis of Ivrea and King of Italy appointed in 1002, while he was seriously ill, had a visit from the Madonna and who had ordered him to build a church in Belmonte for the Benedictine friars. When he woke, he had been healed and, six days later, he began the construction of the church dedicated to the *Nativity of Mary*, then officiated by Guglielmo, abbot of Fruttuaria. History does not coincide completely with the legend. The first documents attesting the presence, in a small structure of a monastic, feminine group, under the jurisdiction of the Fruttuaria Abbey of San Benigno Canavese, date back to 1114. Two centuries later, in 1326, the Bishop of Asti, Guido di Valperga, re-founded the monastery and renovated the church of Santa Maria di Pulcromonte. Only in 1601, due to the Council of Trent which did not want the monastic presences of women in isolated places, the nuns left the convent and were immediately replaced by

Panorama dal santuario della Madonna di Belmonte / Panoramic view from the Sanctuary of the Madonna di Belmonte

Santuario della Madonna di Belmonte visto dal percorso dei "Piloni del Rosario" / Sanctuary of the Madonna di Belmonte as seen from the "Pillars of the Rosary" pathway

a pagina 162, sopra / on page 162, top
Cappella di *Cristo davanti a Pilato* (n. 1), particolare
Chapel of *Christ Before Pilate* (no. 1), detail

a pagina 162, sotto / on page 162, bottom
Cappella della *Prima caduta* (n. 3)
Chapel of *The First Fall of Christ* (no. 3)

a pagina 163 / on page 163
Cappella di *Cristo condannato a morte* (n. 2), particolare
Chapel of *Christ Condemned to Death* (no. 2), detail

alle pagine 164-165 / on pages 164–165
Scorcio sul Canavese dal santuario della Madonna di Belmonte / View of the Canavese from the Sanctuary of the Madonna di Belmonte

il convento, subito sostituite da frati francescani Minori che lo ampliarono progressivamente insieme alla chiesa.

Nel 1712 il frate guardiano Michelangelo da Montiglio, che come frate Bernardino Caimi, fondatore più di due secoli prima del Sacro Monte di Varallo, era reduce dalla Terra Santa, avviò la costruzione del Sacro Monte con il sostegno delle comunità della zona e di alcune famiglie della nobiltà locale. In meno di dieci anni furono edificate, secondo un progetto unitario, otto cappelle costituite da un portico antistante e da una piccola cella al cui interno venne illustrata la Passione di Cristo. Le prime, affrescate dal pittore Grosso di Ivrea, furono presto popolate da gruppi scultorei opera di maestri attivi a Castellamonte, con statue a grandezza naturale, con pose ed espressioni molto realistiche così da coinvolgere i fedeli, secondo il fortunato modello dei Sacri Monti post-tridentini.

Morto padre Michelangelo, solo dalla seconda metà del Settecento vennero edificate la nona e la decima cappella, nel 1773 la quinta, e l'ottava entro il 1781. Le confische dei beni ecclesiastici del 1802 e del 1866 allontanarono i frati rientrati definitivamente nel 1872 e impegnati subito dopo in radicali restauri delle cappelle ridecorate con l'aggiunta di fondali architettonici e popolate di "statue colorate di terra castellamontana". L'ultima cappella, la tredicesima, è del 1825.

Franciscan friars who gradually enlarged it alongside the church.

In 1712, the guardian friar Michelangelo da Montiglio, who, like Friar Bernardino Caimi who had founded more than two centuries prior the Sacro Monte of Varallo, was a veteran of the Holy Land, began the construction of the Sacro Monte with the support of the community and several noble families in the area. In less than ten years, eight chapels were built according to a unitary project consisting of a front arcade and a small room which includes episodes from the Passion of Christ illustrated on the inside. The first, frescoed by Grosso di Ivrea, was peopled by sculptural groups carried out by masters active in Castellamonte, with life-size statues, poses and very realistic expressions, so much so as to engage the faithful, according to the successful models of the Post-Tridentine Sacri Monti. After Father Michelangelo died, only from the second half of the 18th century the ninth and tenth chapels were built, in 1773 were constructed the fifth chapel, and the eighth. The confiscation of ecclesiastical property in 1802 and 1866 caused the friars to leave, but in 1872, they returned definitively. They were immediately absorbed with the important restoration of the redecorated chapels with the addition of architectural backdrops and peopled with "colored statues" coming from the ceramic maestros from Castellamonte. The last chapel, the thirteenth, dates back to 1825.

Silvana Editoriale

Direzione editoriale / Direction
Dario Cimorelli

Art Director
Giacomo Merli

Coordinamento editoriale / Editorial Coordinator
Sergio Di Stefano

Redazione / Copy Editor
Maria Chiara Tulli
Paola Rossi

Impaginazione / Layout
Denise Castelnovo

Coordinamento di produzione / Production Coordinator
Antonio Micelli

Segreteria di redazione / Editorial Assistant
Ondina Granato

Ufficio iconografico / Photo Editor
Alessandra Olivari, Silvia Sala

Ufficio stampa / Press Office
Lidia Masolini, press@silvanaeditoriale.it

Diritti di riproduzione e traduzione
riservati per tutti i paesi
All reproduction and translation rights
reserved for all countries
© 2019 Silvana Editoriale S.p.A.,
Cinisello Balsamo, Milano

A norma della legge sul diritto d'autore e del codice
civile, è vietata la riproduzione, totale o parziale,
di questo volume in qualsiasi forma, originale
o derivata, e con qualsiasi mezzo a stampa,
elettronico, digitale, meccanico per mezzo
di fotocopie, microfilm, film o altro, senza
il permesso scritto dell'editore.
Under copyright and civil law this volume
cannot be reproduced, wholly or in part,
in any form, original or derived, or by any means:
print, electronic, digital, mechanical, including
photocopy, microfilm, film or any other medium,
without permission in writing from the publisher.

Silvana Editoriale S.p.A.
via dei Lavoratori, 78
20092 Cinisello Balsamo, Milano
tel. 02 453 951 01
fax 02 453 951 51
www.silvanaeditoriale.it

Le riproduzioni, la stampa e la rilegatura
sono state eseguite in Italia
Reproductions, printing and binding in Italy
Stampato da / Printed by Esperia S.r.l., Lavis (Trento)
Finito di stampare nel mese di ottobre 2019
Printed October 2019